SPORTS MANAGEMENT THEORY
スポーツマネジメント論
アメリカの大学スポーツビジネスに学ぶ

吉田良治 著
Yoshiharu Yoshida

New Wave Sports Management

昭和堂

序

　2020年オリンピック・パラリンピック東京大会招致の成功を受け、関係者にとっては施設建設や選手強化などスポーツ環境の整備、国内外の観戦者の移動や滞在のためのさまざまなインフラ整備が急務となった。同時に、大会後の施設の維持管理、利用計画など、いわゆるオリンピックレガシーも、無駄のないよう十分な考慮が必要とされている。

　本書は2020年東京オリンピックを契機として、今後必要と思われるスポーツに関わる環境整備、人材育成、ビジネス、社会貢献、コーチング、そしてリスクマネジメントなど、スポーツにおけるマネジメント業務のための入門・解説書である。特にアメリカの大学スポーツ界の先進事例を中心に、あわせて日本で課題が浮き彫りとなっている事例も取り上げ、日本のスポーツマネジメントの問題解決のヒントを提示する。

　具体的には、人材育成では輝かしいメダリストの陰に膨大な数いるであろう大学卒業とともに競技引退する学生のセカンドキャリアの問題、アスリートの前に一人の人間として、豊かな人生を歩んでいくために必要なライフスキルをもとにした人材育成について取り上げていく。

　次に、「アマチュア」として、収入を得ることを忌避される大学スポーツでも、スポーツ活動の運営を賄うためのビジネスプランを持ち、プロスポーツにも負けない、自立してスポーツ活動を運営できるスポーツビジネスの仕組み作りとその問題点について取り上げる。

　ついでオリンピック施設建設への提言として、大会後継続的に、安定的に運営ができ、社会の発展に寄与できる整備計画を提案する。また、社会貢献ではスポーツ界が社会で果たすべき役割として、スポーツから離れてみて見えてくるものは何かについて考えてみる。スポーツ指導では、日本で問題となった体罰とその防止、その一役として日本であまり重視されていないスポーツマンシップの意義について取り上げる。リスクマネジメントでは、ス

ポーツ活動を円滑に行う上で考慮すべきリスクとその防止や対処法について取り上げていく。

　1964年東京オリンピック当時、日本は高度経済成長の好景気に乗り、その後も目覚ましい発展を遂げていった。しかし現在はバブル崩壊後の「失われた10年」が20年になり、長く続く不況にもがいている。東日本大震災の復旧、復興もまだ道半ばにあり、オリンピック・パラリンピック開催が震災復興や不況回復の起爆剤として期待されている。国民に勇気や希望を与えるアスリートの活躍以外に、スポーツ界が震災復興や景気回復において実際に目に見える形で社会に寄与していくには、今以上に知恵を働かして、具体的な取り組みに落とし込んでいく必要がある。

　今回アメリカの大学スポーツを取り上げるには理由がある。1996年アトランタオリンピック開催では、アトランタ市にあるジョージア工科大学が重要な役割を果たしていたのである。人材育成と施設等の整備といった整備だけでは、スポーツ環境を十分機能させるには不十分である。PCに喩えると、アプリケーションソフトとハードウェアをつなぐOSのような役割が必要となる。その環境を具体化させたのが、ジョージア工科大学のトータルパーソンプログラムである。元NFLシンシナティ・ベンガルズのヘッドコーチだったホーマー・ライス氏が、ジョージア工科大学の体育局長に就任し、開発した仕組みである。大学スポーツといえど、プロにも負けない人気と実力を兼ね備えるには、選手はアマチュアであってもサポートはプロの仕事が必要だと、彼は考えた。さまざまな分野のプロフェッショナルを集め、スポーツ環境を整えていったことがモデルとなり、やがて全米中の大学が採用するようになった。そして16年後（1996年アトランタオリンピック）、国際レベルのプログラムへと発展させてきたのである。みずからの人生を積極的に生きるためのライフスキルを基にした人材育成のプログラムは、アスリートだけでなく一般学生にも提供され、実社会でも役立つ人材育成プログラムとして活用

されている。

　アトランタ市に本拠地を置くコカ・コーラ社で、経営の一線で長年活躍された ジョージア工科大学OBのジム・テリー氏は、「アトランタ市はオリンピック後に目覚ましい発展を遂げて、今まさに好景気に沸いている。コカ・コーラ社をはじめ、デルタ航空、CNNなどもその世界的な拠点をアトランタにおいている。しかし、いいことばかりではない。アメリカでは格差社会が拡大し、アトランタ市も例外ではない。家庭の経済格差が教育の格差に繋がる連鎖も大きい。そうした社会問題全般の解決に、大学スポーツ界が一致団結して、貢献していくことが重要である。単にスポーツで活躍できたらいいということであれば、国はますます荒廃していくだろう。そうならないために大学スポーツが果たす役割は重要である」と（筆者のインタビューに）語っている。

　ジョージア工科大学のトータルパーソンプログラムは、ホーマー・ライス氏によって16年間の体育局長在任中に、大学スポーツ運営の中核と位置付けられ、1期5カ年計画の3期15年を積み上げて成し遂げられた。トータルパーソンプログラムは大学スポーツを構成する要素である競技設備（ハード＝PC）、さまざまな競技者育成や人材教育（ソフト）、そしてそれらを円滑に運用していく仕組み（OS）として重要であり、構成するハード、ソフト、そしてOSを結び円滑にするためのコネクション（コミュニケーションシステム）を構築することが重要である。この構築にはさらに細部にわたる手間のかかる作業が必要となる。このプログラムは、ライス氏自身のスポーツ指導者としての経験はもとより、幼少期に父親から教わったライフスキルをベースに、数々の人生経験で培ったモジュール（ITのソフトウェア、ハードウェアを構成する部品）を蓄積してきた賜物である。時には新たなモジュール作成も必要となるが、数多くの経験知を持つことは、新たなモジュールを開発する上で必要不可欠である。ライス氏がこのプログラムを成し遂げえたのは、豊富なモ

ジュール（さまざまな経験知）の蓄積があったことが最大の要因と言えよう。

「ローマは一日にしてならず」という言葉があるように、一生涯を通じてライフスキルの森を育む環境をいかにサポートしていくか。ライフスキルは、アスリートといえど一人の人間として身につけるべき素養であり、教育にとっての最重要事項でもある。大学スポーツ界がまずそのことをしっかり自覚し、その環境とプログラムを提供することが重要である。

日本でも学生の就職は、アスリートのセカンドキャリアとしてだけでなく、簡単には決まらない時代になっている。ニートや非正規労働の問題も深刻だ。オリンピックを真の意味で社会の発展に寄与するものとするには、ただ単にメダルの数で成果を計るのではなく、また施設の充実で成功を計るのでもなく、10年、20年後にも素晴らしい花を咲かせる木々や森を育て上げるような長期的な視野が重要である。未来に向けて豊かな社会の創造をするために、スポーツ文化がひとつの基盤となって社会を支える役割は大きい。その自覚と長期的な視野を持ち、スポーツマネジメントを行っていくことが重要である。本書がその一役となれば幸いである。

今回の執筆においては、ワシントン大学、ジョージア工科大学、フロリダ大学、シアトル・マリナーズをはじめ、数多くのスポーツ関係者から、貴重な写真や資料の提供ならびに助言などをいただいた。また、昭和堂の鈴木了市氏には、編集や校正作業では多大なご尽力を賜った。協力をいただいた全ての方々へ心から感謝申し上げたい。

2015年8月20日

著　者

目　次

第1章
アメリカの大学スポーツ
――その運営形態と理念を学ぶ――

1　体育局はどのように運営されるか　2

体育局とは　2
バーシティースポーツ　3
体育局長の役割　4
大学スポーツの収支規模　5
施設の充実　7
大学スポーツを支える寄付の文化　11
スポーツ奨学生に求められること　16
給付型奨学金は寄付がカギ　17

2　NCAA の必要性　18

日米の大学スポーツの違い　18
リーグの固定化の利点　19
学業優先の原理原則　20
エリート 89 とアカデミックオールアメリカン　22
シーズン制とマルチスポーツ　22
マルチスポーツアスリートの一日　26
週 20 時間制限　26
高校生の進学における学業成績　27
勧誘における公平性　28
プロスポーツとのかかわり　29

3　学生サポートの仕組み　31

学業サポートの仕組み　34
学生アスリートの高い学力　37
キャリアサポートの仕組み　39
プロアスリートの学歴　41
NCAA 女子アスリート MVP　41
NACDA ディレクターズカップ　42

4 プロアスリート引退後のキャリア支援	44
引退後の人生と NFL 選手の経済問題	46
NFL から NASA エンジニアへ	47
プロアスリートは大学へ戻る	48
プロアスリートを支える MBA コース	50
NFL と NBA のチアリーダーは理系女がブーム	51
プロ新人も入団数日で解雇される	52
日本人アスリートによるアメリカの大学留学	52

第 2 章

スポーツビジネス

――大学スポーツにおける収支の委細と経済効果――

1 プロスポーツとの比較から見える大学スポーツの経済力	56
アメリカ大学スポーツの前提	56
大学スポーツの収入源	57
ジョージア工科大学の事例	58

2 大学スポーツの経済効果	62
スポーツが地域経済になにをもたらすか	62
経済効果の具体例	63
ポストシーズンゲームの収支から見える経済効果	67
テレビ放映料の裏に何があるか	70
海外需要の開拓	71
メジャーリーガーの高額年俸のからくり	72
フェニックス大学スタジアムの経済効果	73
フェニックス大学のネーミングライツから見えてくるものとは	74
センチュリーリンクフィールド建設と税金投入の関係	75

3 スポーツツーリズム	76
大学スポーツの一大イベントの基盤	76
BCS ゲームによるから見るスポーツツーリズム効果	78
ブラックアウトに見る NFL の戦略	80
シーズンチケットの意味	81

NHLのチケットサービスの事例	82
テイルゲートパーティ	82

第3章
オリンピックレガシー
——アメリカが持つ合理的ノウハウ——

1 オリンピックと大学　　86
大学内に建設される大会施設　　86

2 大会後を見据えた計画——オリンピック・パラリンピックレガシー
　　87
レガシーの見方を変える　　88
ハスキースタジアムの有効活用例　　92
2024年アメリカは、ボストンオリンピック招致へ　　93
コンクリートから人へというレガシー　　94
レガシーとしてのオリンピックアスリート　　95
新国立競技場問題とオリンピック予算　　96
大学に体育授業は必要か　　98

3 ファンドレイジング　　100
建設資金をどう集めるはどう手当てるのか　　101
フィランソロピスト　　103
大学スポーツに寄付が集まる環境とは　　104
金メダル1個に100億円の税金　　106

第4章
地域社会への貢献
―― 「社会への恩返し」としての活動 ――

1　社会の中でのスポーツの役割　　　　　　　　　112

スポーツの役割　　　　　　　　　　　　　　112
社会への貢献の位置づけ　　　　　　　　　　113
子どもに必要な支援　　　　　　　　　　　　114
被災地支援　　　　　　　　　　　　　　　　115
ホームレス支援　　　　　　　　　　　　　　118
プロアスリートの取り組み　　　　　　　　　118
アスリート個人での社会貢献　　　　　　　　120
介護予防運動の活用　　　　　　　　　　　　123

2　次世代への貢献　　　　　　　　　　　　　　　125

ワシントン大学の事例　　　　　　　　　　　125
ジョージア工科大学の事例　　　　　　　　　126
プロアスリートの取り組み　　　　　　　　　128
高校スポーツの社会貢献　　　　　　　　　　129
日本での活用事例　　　　　　　　　　　　　131
ニューウェーブ・マーケティングとは　　　　131

第5章
リーダーシップ
―― アメリカ大学スポーツにおける指導者像 ――

1　サラリーから見えるコーチの価値　　　　　　　134

大学バスケットボールコーチの年収　　　　　136
大学アメリカンフットボールのコーチの「価値」　136
契約の詳細中身はどうなっているのか　　　　138
プロスポーツとコーチを共有する大学スポーツ　140

2　コーチ哲学　　142

　　コーチング・ツリー　　143
　　ドン・ジェームス・コーチング・ツリー　　143
　　アーバン・マイヤー・コーチング・ツリー　　144
　　ジム・ソコア・コーチング・ツリー　　145
　　次の世代に期待するもの　　147
　　伝統と文化　　148

3　体罰防止とスポーツマンシップ　　149

　　スポーツに体罰は必要か　　151
　　選手は指導者を映す鏡　　151
　　失敗を認める指導　　152
　　コーチが示すべき姿勢とは／コーチも走れ！　　153
　　主体性とそのコントロール　　154
　　チームビルディング　　155
　　怒鳴ることでは選手は伸びない　　156
　　スポーツマンシップ　　157

第6章
リスクマネジメント
——優れた人材を育て、守るために——

　　リスクマネジメントの概要と必要性　　162

1　けが・病気の予防・対応　　162

　　熱中症対策　　162
　　脳しんとうと脳障害　　164
　　羽生選手の事故とアメリカの脳しんとうの対応　　168
　　脳しんとう予防への取り組み　　168
　　重大事故が起こった時にどう対応するのか　　170
　　体育教育や部活の指導の現場でのリスク管理　　170
　　オーバーユーズのリスク　　170
　　オーバーユーズになぜマルチスポーツが必要か　　172
　　メジャーリーグからの球数制限の指針　　174
　　マルチスポーツを積極的に勧誘する理由　　176

	スマートフォンの普及とけがのリスク	178
	NFLプレーヤーも自分の子どもにフットボールはさせたくない事実	180
	指導者にできること	181

2 コンプライアンス 182

	学生が利益を受け取ることへの制限	182
	ギャンブルについて	183
	「特別な利益」の授受	185
	薬物について	186
	NCAAルールの規約違反に対する処罰	186
	チームルール	188

3 不祥事とダメージコントロール 189

	大学スポーツの不祥事に対する考え	189
	セカンドチャンス	190
	700万ドルコーチのセカンドチャンスの考え	192
	ティム・ティーボウの取り組み	193
	スポーツが社会復帰の一助に	194
	不祥事はなぜ繰り返されるのか	195
	アメリカの大学スポーツで活かされるメンターの重要性	197
	日本での課題	200
	アルコールに関するポリシー	201

4 スポーツイベントでのセキュリティ対策 203

終章

	競技の枠を超えて	206
	スポーツ文化と社会	208
	巨額な収入の行方	210
	アメリカスポーツ界の海外進出	213
	スポーツにおける子どものリスク管理	214
	2020年に向けて	217
	スポーツにおける人材育成	219
	スポーツ界が果たすべき役目	220

◆

＊ワシントン大学やジョージア工科大学からは、写真の提供などの協力をいただいた。厚く御礼申し上げたい。

第1章

アメリカの大学スポーツ
――その運営形態と理念を学ぶ――

1 体育局はどのように運営されるか

体育局とは

　アメリカの大学スポーツの大きな特徴は、プロの職員による運営体制にある。その母体となるのが各大学におかれた体育局（Athletic Department）で、スポーツ活動を行うチーム運営と、組織全体の運営をする部門に大きく分けられる。

　スポーツ活動を行う際には、体育局に属する競技ごとにチームが編成され、それぞれのチームに選手を指導するコーチ、補助アシスタントコーチ、事務作業を行うアシスタントマネージャーなどが配備される。チームによっては専属でリーダーシップコーチを雇用する場合もある。これらのコーチの採用は、最終的にチームではなく、体育局が判断する。また、スポーツ活動を行う上で直接サポートが必要な部門として、医療関連、ストレングス・コンディショニング（ウェイトトレーニングなど）関連、ビデオ編集関連、食事サービス関連、教育支援関連（ライフスキル全般）、用具関連、メディア・広告関連の部門がある。組織運営に必要な部門としては、ビジネス・ファイナンシャル（財務）部門、マーケティング部門、コンプライアンス部門、試合のチケット販売部門、チームグッズ販売ショップ運営部門、IT技術支援部門、スポーツ施設管理部門、イベント管理部門などがあり、それぞれ有給のプロのスタッフ（フルタイムとパートタイム）及び学生インターンにより、運営・管理されている。

　日本では大学スポーツは課外活動の一環で、学生主体の体育会によって管轄されているが、その多くはスポーツ競技ごとにその運営の裁量が任されている。大学によっては強化指定のスポーツ競技に予算をつぎ込んで強化を図るケースもあり、その場合はプロ指導者の雇用や大学教職員のサポート体制が充実していることもあるが、基本的には学生が主体となり運営を行っている。

バーシティースポーツ

　アメリカの大学スポーツはバーシティ・スポーツと呼ばれている。バーシティ・スポーツとはNCAA（全米大学体育協会；National Collegiate Athletic Association）に加盟する各大学の体育局により運営される競技スポーツで、Intercollegiate sports（大学対抗スポーツ競技）とも呼ばれている。NCAAでは、野球、バスケットボール、ボーリング、クロスカントリー、フェンシング、フィールドホッケー、アメリカンフットボール、ゴルフ、体操、アイスホッケー、ラクロス、ライフル、漕艇、スキー、サッカー、ソフトボール、水泳テニス、陸上、テニス、バレーボール、水球、レスリングのスポーツをサポートしている。

　NCAAに属する競技はカンファレンス（日本の大学リーグに相当）ディヴィジョン1からディヴィジョン3に区分される。

　NCAAに加盟しているリーグや各大学は、これらのすべての種目を採用しているわけではなく、地域によって特色のある競技選択がなされている。例えば、西海岸地区のPac-12というリーグでは、スキーやアイスホッケーなど冬のオリンピック競技に属する種目は取り入れていない。あくまでも大学のある地域の環境でできるスポーツを取り入れることになる。砂漠の真ん中にある大学であれば、スキーをしたくても簡単にはできない。常に学業を優先するという大前提で成り立つアメリカの大学スポーツでは、授業を受ける時間を割いてまでスキー場へ練習に行くことは許されない。必然的に雪の降らない、またスキー場もない地域の大学では、スキーチームをサポートすることはできないのである。その代わりにビーチバレーボールといった、NCAAで採用していない競技をリーグで採用しているケースもある。

　またその地域のリーグで採用しているからといって、参加する大学がそのすべての競技を採用することもない。運営費や設備などさまざまな状況を考慮して、大学ごとに競技種目の選択の権利がある。

　ワシントン大学は、1932年以来サポートしてきた伝統のある水泳チーム

について、2009年に廃止することを決めた。リーマンショックによる世界的な不況の影響、州の大学への予算のカット、大学の学費の上昇とそれに伴う奨学金予算の見直しなど、翌年の体育局総予算6,500万ドルの4％に相当する280～300万ドルのカットが求められたためである。この時には、水泳チームを廃止し、120万ドルの経費を削減した。当大学の体育局の総収入の85％はアメリカンフットボールチームが稼ぎ出しており、残りは男子バスケットボールを含めた他の15競技である。そのアメリカンフットボールの収入が、この数年間のチーム成績の不振で減少傾向にあった。1996年に5万5,976席（学生席を除く）あった年間シートホルダー（年間チケットの権利取得者）も、前年（2008年）には4万3,497、次期シーズンは3万7,700になっている。

このように大学やリーグの事情により、バーシティスポーツでは参加する競技種目が異なっている。人気のあるアメリカンフットボールのように、Pac-12の加盟大学12校すべてが参加する競技もあれば、水球のように1リーグ5チームしか参加していないケースでは、近隣の他の1部リーグと共同の枠組みを持つケースもあるのである。

日本のように希望者が集まってクラブを作って、学生が自主的な運営のもとで行う部活動では、学生がしたいスポーツを大学が公認する形となっており、多種多様なスポーツ競技が存在する。しかしアメリカのバーシティ・スポーツでは、体育局がそれぞれの部署でプロのスタッフを雇用し、予算とそれに基づく収入の裏付けがなければ、好き勝手にスポーツ競技を増やすことができない。その裏付けとなる収入については、次の章で詳しく紹介していきたい。

体育局長の役割

アメリカにおける体育局運営のトップは体育局長（Athletic Director）である。体育局長のまずすべきこととして3つの重要な役割がある。第一に体育局運営に必要なビジョンを持つことである。そして第二に体育局運営に必要

な資金の確保または獲得である。そして最後は体育局運営に必要な人材を集めることである。この3つができれば、体育局長の仕事の大部分は終わったようなものである。

　ビジョンはいわば組織の基盤となるべきもので、それによって方向性も決まってくる。ビジョンがなければ資金を集めることもできず、スタッフの雇用もできなくなるので、ビジョンが固まるかどうかが組織運営全体の成功と失敗を分けることになる。

　次に資金を集める上で重要なことは、組織として自立していることである。つまり大学の運営とは独立した形で、スポーツにおける活動資金を集めていくことが重要な点だ。学生から得た学費や教育的な目的で集めた基金などから、大学がスポーツ運営に資金を回すことはないのである。体育局が具体的に資金を集める方法としては、スポーツに対する基金や募金、試合の興行収入、グッズなどの販売や広告収入、テレビ放映料などがある。

　もちろん、以上の3つの役割を果たすためにはより具体的に課題を明確にして、改善を図ることになる。1980年にジョージア工科大学の体育局長に就任したホーマー・ライス氏の場合、就任直後に体育局が抱える問題をリストアップしたところ、次の6つの項目で改革の必要性が浮かび上がった。まず最初に、学生アスリートの人格形成プログラムとしての、トータルパーソンプログラムの導入である。次に、所属するリーグにおいてすべてのスポーツの競争力を高めること。以下、資金力を高めること。スポーツ施設の充実。有能で質の高いスポーツ指導者とスタッフの雇用。最後に大学の質に見合い、大学に恵みあるスポーツ文化の創造、である。

大学スポーツの収支規模

　アメリカの大学の体育局の事業を運営する基盤として重要なことは、運営にかかる費用をどう捻出するか、ということになる。有給の体育局職員やコーチの雇用、充実したスポーツ施設の建設や維持管理、プロスポーツに負けないエンターテインメント性を持ったアメリカの大学スポーツだが、大学本体

1年間の収入支出の最も多い大学のランキング（2014年度、ドル）

ランキング	大学名	リーグ	総収入	総支出	補助金	補助金率
1	オレゴン大学	PAC-12	196,030,398	110,378,432	2,155,099	1.1
2	テキサス大学	Big 12	161,035,187	154,128,877	0	0
3	ミシガン大学	Big Ten	157,899,820	142,551,994	256,316	0.16
4	アラバマ大学	SEC	153,234,273	120,184,128	5,997,100	3.91
5	オハイオ州立大学	Big Ten	145,232,681	113,937,001	0	0
6	ルイジアナ州立大学	SEC	133,679,256	122,945,710	0	0
7	オクラホマ大学	Big 12	129,226,692	113,366,698	0	0
8	ウィスコンシン大学	Big Ten	127,910,918	125,096,235	8,073,360	6.31
9	フロリダ大学	SEC	124,611,305	109,690,016	4,308,442	3.46
10	テキサス農工大学	SEC	119,475,872	95,663,483	1,241,457	1.04
↓	-	-	-	-	-	-
20	ワシントン大学	PAC-12	100,275,187	86,097,137	3,549,679	3.54
47	ジョージア工科大学	ACC	68,469,538	68,818,267	7,107,777	10.38

の運営とは切り離され、独立採算が求められる。日本のように大学本体からの収入でスポーツの運営をすることは、一般学生や教員などからの批判や反対が起こる。大学の「学費」をスポーツ運営に使うことは邪道であるとされる。

1年間のスポーツ運営での収入支出の多い大学のランキング（2013年度）をまとめてみたところ、オレゴン大学の年間収益が1億9,603万398ドルでトップとなり、支出ではテキサス大学が1億5,412万8,877ドルでトップであった。以下トップ10のランキング（USA Today発表）を上の表にまとめてみた。

また各大学の体育局予算も並べてみたが、いずれも収入ランキングで上位を占めている大学が上位に来ている。多くの私立大学からの公表がないので、ここに出ているのはすべて州立大学だが、1大学でスポーツの強化費として計上される金額が、数千万から1億ドルを超えているのは、日本では考えられない数字だ。おそらく日本ではプロスポーツでもこの数字はかなり上位に来るのではないだろうか。また、日本ではオリンピックの強化費が年間で27億円であり、オレゴン大学の1億9,603万ドル（約239億円）を超える収入金額は、日本のオリンピック強化費の8倍以上である。この金額を地方

各大学のスポーツ予算（2010-12年度、単位100万ドル）

大学	2010予算	2011予算	2012予算
テキサス大学	129.90	136.80	153.50
オハイオ州立大学	118.10	128.40	126.50
ミシガン大学	84.60	103.90	109.80
テネシー大学	100.90	100.00	103.30
フロリダ大学	98.60	95.40	97.70
オーバーン大学	81.00	88.70	95.70
ペンシルバニア州立大学	85.50	89.20	92.00
ルイジアナ州立大学	81.50	88.30	90.60
オクラホマ大学	80.50	85.20	90.50
ジョージア大学	84.80	84.80	90.00
ǀ	-	-	-
アラバマ大学	96.20	94.60	N/A
ワシントン大学	63.20	62.10	67.10
ジョージア工科大学	52.50	55.10	58.90

大学である1州立大学がスポーツで得ているのである。プロの職員や指導者を雇用・運営する体育局が最初に着手すべきことは、この金額の収入を確保する見通しを立て、それを予算化することとなる。

　ちなみにNFLとMLBの人気チーム、ダラス・カーボイズとニューヨーク・ヤンキーズは、2013年の収入がともに約6億ドルであるとフォーブズ誌から発表されている。また、ヨーロッパサッカーで最も多くの収入を得たのはスペインのFCバルセロナだが、チームスポーツ史上初の7億1,000万ドルの収入を上げたという。選手の収入が多くを占めるプロスポーツと違い、大学スポーツでは選手に年俸を支払わないため、単純に比較はできないもののアメリカではわれわれの想像をはるかに超える金額が大学スポーツをめぐって動いているといえる。

施設の充実

　アメリカの大学スポーツでは多くが専用の練習場だけでなく、試合に使用するスタジアムも保有している。スタジアムの規模は、10万9,901人収容の

（左）ジョージア工科大学ニュートリション責任者のリーン・トーマス氏から、スーパーマーケットで栄養学に基づいた、自炊のための食材選択を学ぶ学生アスリート
（右）自炊の実技指導を受ける学生アスリート

 ミシガン大学のミシガンスタジアムを筆頭に、ペンシルバニア州立大学のビーバースタジアムが10万7,282人、テネシー大学のネイルランドスタジアムが10万2,455人、オハイオ州立大学のオハイオスタジアムが10万2,329人、アラバマ大学のブライアントダニースタジアムが10万1,821人、テキサス大学のダリルロイヤルメモリアルスタジアムが10万1,624人と、地方の州立大学で軒並み10万人を超えるフットボール専用スタジアムを保有している。これらはアメリカンフットボールのホームゲームとそれに付随するアメリカンフットボールの練習で使用する以外、他競技に使用されることはない。それ以外に9〜8万人規模のスタジアムを保有する大学が2桁以上あることを考えると、アメリカンフットボールスタジアムを活用すれば、もしサッカーのワールドカップがアメリカで開かれる場合、新たなスタジアムを建設する必要はないことになる。
 スポーツの競技力の充実には、種目ごとの練習施設や試合会場を整えるだけでなく、基礎的な体力向上として、ウェイトトレーニング施設を整えることが重要である。大学の体育局所属の学生アスリート専用として、大規模なウェイトトレーニング施設を完備するだけでなく、特に力を注いでいる競技、例えばアメリカンフットボールやバスケットボールなどは、専用の試合会場や練習場だけでなく、専用のウェイトトレーニング施設を持つ大学も少

ワシントン学生アスリート専用教務職員のオフィスや、自習及び個別指導を行う施設アッカーレイ・アカデミック・センター

ワシントン学生アスリート専用食堂ウィンダミア・ダイニング・センター

ワシントン大学学生アスリート専用ウェイトトレーニング施設

フロリダ大学のディフェンスコーチ専用ミーティングルーム

フロリダ大学チームミーティングルーム（編集されたビデオがオンデマンドで使用できる）

ワシントン大学ソフトボールチーム専用ロッカールーム

なくない。ウェイトトレーニングセンターには、スポーツ競技別に専任のストレングスコーチがつき、競技ごとまたポジションごとに必要な能力開発のトレーニング指導を行っている。

　体育局専用のカフェテリア（食堂）では、学生アスリートへ食事が提供さ

第1章　アメリカの大学スポーツ●──9

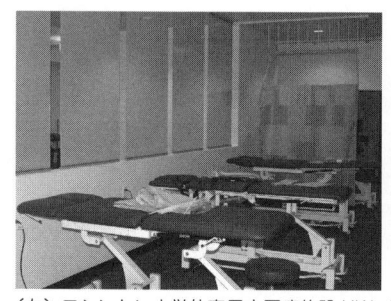

（左）ワシントン大学体育局内医療施設 UW メディカルスポーツセンター（MSC）と（右）ワシントン大学メディカルスタッフのドクター

れる。スポーツ競技のシーズンごとに、競技参加する学生アスリートに必要な食事の提供を行っている。また一人暮らしの学生アスリートのための栄養学の講義や、調理指導、そしてスーパーマーケットでの食材選びの講義も行われる。

　学生アスリートの学習のために、専用の教育施設も充実したものが設けられている。自習室、個別指導やグループ教育など、学生アスリートの用途に応じた機能と体制を備えている。

　練習前のミーティングで使用できるミーティングルームは、競技ごと、またポジションごとに専用スペースが提供される。コーチがミーティングで指導する際に使用されるVTRは、VTR担当の部門で競技・種目ごとにさまざまな要望に応じて編集され、ミーティングルームの機材と連動して、24時間いつでもオンデマンドで必要な情報データにアクセスできる。

　また、アメリカの総合大学は多くが医学部を設置していることもあり、スポーツ医療にも力を入れている。ワシントン大学ではアスリート専用の医療施設が大学の体育局内に設置されていて、各種専門の医師が複数常駐し、試合だけでなく練習にも必ず医師が立ち会っている。

　この施設ではワシントン大学の学生アスリートの練習や試合でのけがの治療だけでなく、試合で遠征してくる対戦チームの選手のけがの処置、また同じシアトルにあるプロスポーツチーム NFL シアトル・シーホークス、MLB シアトル・マリナーズ、MLS のシアトル・サンダースの選手のけがに対応するほか、

全米中のトップアスリートのけがのサポートにも対応している。

大学スポーツを支える寄付の文化

1大学で10万人を超える収容規模のスタジアムを保有するには、多額の資金を独自に集めてくる必要がある。

2013年に改修されたワシントン大学のアメリカンフットボール専用スタジアム

ワシントン大学では2011年から行われていたアメリカンフットボールスタジアム改修工事が、2013年8月に無事完成した。総工費が2億8,000万ドルの大型建設工事で、当初はワシントン州の税金投入（ワシントン大学は州立大学）も検討されたが、大学は独自で基金を設立し、募金や年間の収益（30年ローンに対応）を中心に工事費を賄った。スタジアム内にはアメリカンフットボールのコーチやスタッフのオフィスのほか、アメリカンフットボール選手専用のウェイトトレーニングセンター、アメリカンフットボールチームの来客専用のラウンジなども併設している。収容人員7万138名は、プロ・アマを含め北西部地域では最大、大学所有のスタジアムとしては全米15番目の大きさを誇る。

建設費を賄う収入源の一つがネーミングライツである。個別のネーミングライツは次頁の表のとおりである。

改修工事完了後2年がたった2015年9月に、未契約だったメインフィールドのネーミングライツは、アラスカ航空と契約が成立した。10年間で総額4,100万ドルで、その半分以上は学生アスリートの奨学金や福利厚生に使われる予定で、会社の地域貢献のゴールでもある教育支援という位置付けにもマッチする。

同大学は1999年の室内競技場の改修工事（総工費4,000万ドル）では、バンク・オブ・アメリカ社から10年間で総額910万ドルのネーミングライツに

個別のネーミングライツ

ワシントン大学アメリカンフットボールスタジアムネーミングライツ一覧
フットボールフィールド
オペレーションビルディング
選手入場トンネル
スタジアム東側通路
チームロッカールーム
ウェイトトレーニング室
オペレーションビルロビー
高校生勧誘用ラウンジ
北プラザ
北西プラザ
西プラザ
南西プラザ
南プラザ
ヘッドコーチオフィス
チームミーティングルーム
選手ラウンジ
リハビリ・トレーニング室
会議室
北西オープンテラス
南西オープンテラス
フットボールチーム応接室
コーディネーターオフィス×2
コーチロッカールーム
コーチ作戦司令室
アシスタントコーチオフィス×9
ポジションミーティングルーム
トンネルシート入り口
基金提供者ボード

対する提供を受けている。また2011年より5年間（年52万5,000ドル）の契約で、アラスカ航空にネーミングライツを提供している。アラスカ航空は室内競技場のネーミングライツ以外に、年17万5,000ドルのスポンサー契約を体育局と別途結んでいる。

大手金融機関がこれまでネーミングライツやスポンサーとして提供した金額を見てみると、トップ5はバンク・オブ・アメリカ社とシティー・グループ社が450億ドル、JPモルガン社とウエルファーゴ社が250億ドル、ゴールドマンサックス社とモルガンスタンリー社が100億ドルであった。

同じシアトル市では2000年ごろにメジャーリーグのシアトルマリナーズのセーフコフィールド（総工費5億1,760万ドル）やシアトルシーホークスのセンチュリーリンクススタジアムなどが建設されたが、その時にはホテル税やレストラン税を増税して、スタジアム建設費に充てたとされている。セーフコフィールドのネーミングライツを得たのは保険会社のセーフコ社であるが、総額4,000万ドルの20年間の契約を結んでいる。セーフコ社は赤字を抱えていたため、驚くべきことにネーミングライツの契約を結んだ当時、1,000名規模のレイオフを行い、本社ビルはワシントン大学へ売却するなど、リストラが行われている。

ワシントン大学アメリカンフットボール専用ウェイトトレーニングルーム

来賓ラウンジ

ワシントン大学競技場

　アメリカではスタジアムやアリーナなどのネーミングライツは、施設全体の大きなものだけでなく、個別にネーミングライツを持つことが一般的だ。たとえば、スタジアムのフィールド面のネーミングライツ、座席には席ごとにネーミングライツがつけられているし、ロッカールームやプレスボックス、スコアーボードや入場ゲートごとにもネーミングライツが用いられている。座席のネーミングライツ契約は個人からの比率が多いようだ。市民レベルで地元スポーツを支える風土も根付いていることがわかる。

　カリフォルニア大学デービス校のアメリカンフットボール専用スタジアム新設時にも、スタジアム全体のネーミングライツ（1,000万ドル）以外に、さまざまな場所にネーミングライツを採用した。そのほとんどは個人名による契約で、企業の広告にあたるものはほとんどない。座席（1列の6席ネーミングライツは2,000ドル）、スコアーボード（50万ドル）、コーチの作戦室を含む

第1章　アメリカの大学スポーツ●——13

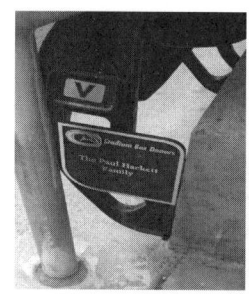  

スタジアム内のネーミングライツの例

記者席（100万ドル）、メインゲート（100万ドル）、記者席のある建物1階部分のクラブルーム（50万ドル）、ロッカールーム（10万ドル）などにネーミングライツを採用している。もちろん施設のネーミングはすべてが広告収入による資金集めの対象となるわけではない。これまでのチームへの貢献度の高い人物の名前はネーミングライツとは関係なく、名誉や記念としてつけられる。たとえば長年チームを率いて、18年連続リーグ制覇を成し遂げたジム・ソコア氏の功績をたたえ、スタジアムのフィールド部分はジム・ソコア・フィールドと名づけられた。また19年間同校のコーチを行い、ソコア氏引退後ヘッドコーチを受けついだボブ・フォスター氏の名前は、ロッカールームのある建物（ボブ・フォスター・チームセンター）に使われている。フロリダ大学では長年チームを支えてきた地元の資産家であるベン・グリフィン氏の名前をスタジアムに使用している。

　カリフォルニア大学デービス校は1999年からのスタジアム建設キャンペーンにより、ネーミングライツを含め3,100万ドルの基金が集まった。こ

フロリダ大学のアメリカンフットボールスタジアム

ベン・グリフィン氏を記念してつけられた施設のプレート

フロリダ大学アメリカンフットボールチームアシスタントコーチオフィスとネーミングライツ

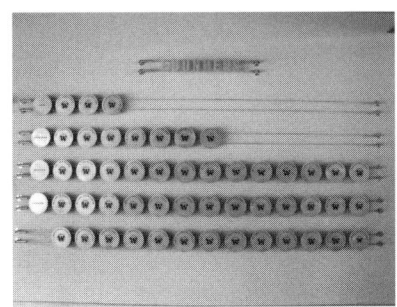
シェルハウス内にある寄付提供者のプレート
一番上の列は1枚100万ドル以上の高額寄付提供者

第1章　アメリカの大学スポーツ ●——15

れは総工費の約72パーセントの額に値する。残りは個人献金や学内基金により賄われた。同スタジアム（大学のニックネームがAggiesであり、現段階はAggies Stadium）は、段階的にスタンドを増築していくことになっている。フェーズ1は1万人規模、フェーズ2で1万8千人規模、そして最終のフェーズ3で3万人を収容できるスタンドへと増築する予定である。その都度新たな資金が必要になるので、それに向けた募金キャンペーンもフェーズごとに行われることになる。

　アメリカでは、ネーミングライツに限らず、寄付は一般的に根付いている。ワシントン大学体育局教務スタッフが使用するアカデミックセンターは、体育局専用の食堂やボートチームの施設なども含まれた複合施設シェルハウス内にあり、2005年に改修された際にかかった費用は1,800万ドルで、そのほとんどが個人や卒業生の寄付で賄われている。

スポーツ奨学生に求められること

　アスリート専用の奨学金も毎年寄付で集められる。ワシントン大学の事例では2002年のデータによると、2001年度の奨学金額は500万ドルで、2002年度は学費高騰のため、前年よりも40万ドル多く必要となった。対象となる650人の学生アスリートへの奨学金に寄付を呼びかけたが、この呼びかけの資料にはスポーツでのそれぞれの実績は全く記載されず、21のスポーツ中17チームの学業成績（Grade Point Average　GPA）が、3.0以上になったこと、2000年度には前学生アスリートの卒業率が90％を超えたことなど、学業に関するものしか記載されなかった。つまり奨学金はあくまでも学業に対するものが対象であり、スポーツそのものの実績は関係ないということだ。奨学金は学費や寮の費用、食事代や教材費などに使われる。

　学生アスリートは当該のスポーツ競技について自己負担する必要はなく、練習や試合で使用する用具、試合の遠征費、合宿など、日本ではおそらく学生負担となるものを含めすべて大学が負担している。ただし、こうした恵まれた環境が提供されるので、参加するスポーツによって特別な利益を受

け取ることなど、金銭に関するさまざまな制約がある。ファンや企業などからプレゼントや金品を受け取ることは、全米学生スポーツ協会（National Collegiate Athletic Association　以後NCAAと略記）で厳しく規制されている。また学業不振となった場合はスポーツをする機会を失うばかりか、大学に在籍することも難しくなる。恵まれた環境がある以上、それだけの成果、つまり文武両道を実践し、社会の模範となる生き方が求められるのだ。

給付型奨学金は寄付がカギ

　奨学金に関して特に注目すべき学生アスリート出身者は、2010年にネブラスカ大学アメリカンフットボールチームからドラフト1位でNFLデトロイト・ライオンズに入団したダムコング・スーだ。ドラフト直前に260万ドルを大学へ寄付すると宣言した。NFLの契約金額に相当する額だ。まだプロ入りする前にこれほどの高額な寄付を申し出たのはNFL史上初で、アメリカンフットボール出身者では最高額の寄付となった。200万ドルは学生アスリートのコンディショニング支援に使われ、残りの60万ドルは学位を取得した工学部の奨学金に寄付された。すべての者が成功できるわけではないなか、成功した者が率先して寄付をしていくことは、次の世代を育てる力となる。奨学金を得た者には、自分の受けた恩恵を次の世代へつなぐという重要な任務があるのだ。NCAAによると、15万名以上の学生アスリートが、年間総額27億ドルの奨学金を加盟大学より受け取っている。一般的にアメリカの大学生は、平均3万5,200ドルの学費ローンを持って卒業する。スポーツ奨学金にはその負債を帳消しにする意味合いもある。男子バスケットボールを例にすると、大学のスポーツや教育が提供するサービスや物資、そして将来的な展望などを考えると、彼らが得ているスポーツ奨学金は1人最低毎年12万ドルの価値があると考えられる。

　ワシントン大学の事例によると、奨学金の受給者は学費やテキスト代、加えて学生寮や食事などの費用も免除される。2000年には年間500万ドルが約650名の学生アスリートのスポーツ奨学金として提供された。この財源は

主に寄付として一般社会から提供を受けている。近年アメリカの大学の学費（寮や食事代を含む）が高騰し、州立大学で年間1万ドル〜2万ドル（州内の学生）、州外から入学する学生は2万ドルを超える学費が必要となり、私立大学になると年間4万ドルを超える大学も少なくない。アメリカでは、社会で成功した者が次世代の若者に良い教育を提供するべきと考える者も少なくなく、成功した恩恵を奨学金として次世代育成に役立てる風土がある。ダムコング・スーも、プロアメリカンフットボールに進めるのは大学のお陰であることを認識し、その恩恵の一部を大学へ還元したのだ。

2　NCAAの必要性

日米の大学スポーツの違い

　日本とアメリカの大学スポーツの大きな違いは、先の節でも取り上げたように、大学単位としてはアメリカでは体育局というプロの職員の運営体制のもとで行われるのに対し、日本はあくまでも体育会という学生主体の運営が基本となっている点である。そして日本では各スポーツ競技は、それぞれ独立して競技団体に所属し、競技団体ごとに取り決められた規約に則って、活動を行うことが一般的である。

　他方、アメリカでは、NCAAなどいくつかの大学スポーツを取りまとめるスポーツ団体があり、その団体に加盟して活動を行う。NCAAにおいて加盟する大学数は1,200校を超え、2012年度には46万3,202名の学生アスリートが、大学のスポーツチームに参加している。1大学平均424名である。一般的には1部リーグから3部のディビジョン（Div.1、Div.2、Div.3）の3つのカテゴリーに分類されている。そしてディビジョン内でそれぞれの地区リーグが編成されるのである。ディビジョンの分類は競技力だけでなく、施設の充実度（スタジアムの収容数の大きさ）や年間予算の高さによってカテゴリー分けされる。よって日本で一般的なスポーツ競技力の実力のみによる分類、

たとえば上位リーグの下位校と、下部リーグの上位校による入れ替え戦による昇格や降格はアメリカの大学スポーツでは行われない。またDiv.1では240校がアメリカンフットボールの3つのカテゴリーに分けられている。それぞれのカテゴリーのもと、各大学に所属するスポーツチームは、エリアごとの共通のリーグ編成（Conference）に組み込まれていく。

リーグの固定化の利点

日本でも東京6大学野球などで、リーグの固定化されているケースがあるが、多くは入れ替え戦によって常に参加大学が流動的になっている。この場合には参加する大学すべてが公平に優勝・日本一につながっていくチャンスを与えられ、選手もいつかあの舞台に立つという希望を持つことができる。入れ替えのない固定リーグでは、こういったチャンスの芽がなくならないようなシステム化が必要と言える。

リーグの固定化の利点としては、リーグのブランド化によってファンが獲得できる点、無用なスポーツ強化の必要がなくなる点、NCAAのルールを反映させたリーグ独自の規制をかけることも可能で、より強固なリーグの運営体制の構築が可能となる点があげられる。またリーグの固定化によっては長期的なスケジュール作成が可能となる。さらに、多くの場合試合会場は大学キャンパス内の施設を使うので、会場の確保も心配がなく、遠征費を含めた運営費の予算化にも役立つ。

スポーツ競技に種目別に取り組むのはアメリカも日本と同じだが、大学の体育局の規約は大学単位で大きな差はない。なぜならNCAAによって、加盟する大学はすべてNCAAで定められた規約に則り、運営を行っていかねばならないとされているからである。個別の競技が所属するリーグは、競技ごとに大学の編成や構成が異なる。先にも述べたが実力別（1部、2部、3部などの編成）のリーグ編成においても、入れ替え戦などの直接的な対戦（上位リーグ下位校と下部リーグ上位校）により昇・降格が決まる日本と違い、アメリカの場合は所属するリーグはその競技の成績とは関係なく編成されてお

り、その年の成績が悪くても、下部リーグの上位校との入れ替え戦などは行われない。リーグ編成の基準や上位リーグ参加の条件には、スポーツの競技力はもちろんのこと、試合の集客数やその数に見合う施設の確保が重要となる。先に紹介したカリフォルニア大学デービス校のスタジアム建設も、2部リーグから1部リーグへの昇格条件を満たすために3万人規模のスタジアムが必要だったことがその理由の1つである。

　リーグ優勝の決め方も日本とは少し違う。最も勝率が高い大学がリーグ優勝とはなるが、もしリーグ戦で複数大学が同率で首位となった場合、決着をつけるためのプレーオフは行わない。学業のスケジュールに支障が出ないよう、あくまでも当初決めたスケジュール以外には決して余分な試合を追加しないのである。アメリカンフットボールで同率の地区優勝であれば、基本的に直接対決の勝者がチャンピオンシップへ進むことになる。もし三つ巴で、それぞれのチーム間の直接対決が1勝1敗であれば、リーグ戦以外の交流戦の成績の勝敗を加味する。2000年 Pac-10（米国西海岸地区の10大学）カンファレンス（現在は Pac-12）のアメリカンフットボールのリーグ戦において、ワシントン大学、オレゴン大学、オレゴン州立大学がリーグ戦を7勝1敗で同率優勝したが、ワシントン大学はオレゴン州立大学に、オレゴン州立大学はオレゴン大学に、そしてオレゴン大学はワシントンに、それぞれリーグ戦の直接対決で勝利していた。そのため3大学が交流戦で対戦した勝敗において、オレゴン大学が1敗、オレゴン州立大学とワシントン大学は全勝だったため、この時点でオレゴン大学が消え、残ったワシントン大学とオレゴン州立大学は、直接対決でワシントン大学が勝利していたため、ワシントン大学がチャンピオンシップへ進んでいる。もし交流戦の結果でも決着がつかない場合は、交流戦の対戦相手のディビジョンのクラスも評価対象（ランクの低いディビジョンの対戦があれば、高いディビジョンの対戦の結果を優先する）になる。それでも決着がつかない場合は、最終的に前回チャンピオンシップへ参加した最も古いチーム、つまり最もチャンピオンシップから遠ざかっていたチームに参加権利を与える。余分な日程を消費させない仕組みになっているのである。

学業優先の原理原則

　統一した規約の中で最も重視されるのは、スポーツ活動参加にあたってはまず学業が優先されるべき、ということである。大学における学業評価GPAと単位取得数で一定の数字をおさめた者だけに、アメリカの大学ではスポーツ参加が認められる。アメリカでは大学でスポーツをする選手をStudent-Athleteと呼ぶ。まずStudent（学生）が先に来るのである。学業を優先する取り組みが、アメリカの大学スポーツで学業優先が定着しているのはここからもうかがえる。

　具体的には一部リーグ（Div.1）では1年目〜2年目に基本GPA2.0の90%（1.8）を超えること、3年目は95%（1.9）4年目で100%（2.0）を超えていることが必要になる。スポーツ参加をはじめとしたチーム活動には、1学期最低6単位が必要となる。また奨学金を維持する上で2年終了時までには40％、3年終了時に60%、4年終了時で80％以上の単位取得が義務付けられる。アメリカの大学は競技参加資格は4年間であるが、1年間登録猶予（試合に出場しない）できるレッドシャツ制度があり、一般的には5年間スポーツ参加を認められる。4年生終了時点で全体の80%の単位数で、5年間の奨学金が維持できるのはそのためである。GPAや単位数のハードルとは別にAcademic Progress Rate（APR）という評価もある。これは各大学のそれぞれのスポーツチーム内に在籍するスポーツ奨学金の学生アスリートが対象で、対象の学生アスリート全員の成績から、落第や出場資格に達しなかった学生の数によって1,000点から減点されていく。930点を下回ると、リーグ戦後の全国大会などの出場資格を失ったり、練習時間の減少につながる制度だ。

　NCAAの調査によると、Div.1校の学生アスリートのうち、15%はその家庭または家族で最初に大学へ進むことができた、という結果が出ている。アメリカの大学進学や学生生活のさまざまな情報提供をサービスするNPOであるカレッジ・ボード（College Board）の調査によれば、大学の学位を持つ者は、高卒者よりも65%生涯獲得収入が多いという数字も出ている。つまり、学生アスリートは単にスポーツ競技の能力だけを高めるのではなく、いつ引

退してもスポーツ以外で生きていく能力、人生の成功者となる能力を育みうることが、大学でスポーツを志す価値となっているのである。

エリート89とアカデミックオールアメリカン

アメリカの大学スポーツの学業表彰で有名なものとして、エリート89とアカデミックオールアメリカンがある。エリート89はNCAAのディビジョン1～3までの89種目各競技（ディビジョンによってサポートしている競技種目は異なる）から1名ずつ優秀者が選出される。2009年に創設され、当時は88種目だったが、2011年にディビジョン3の男子バレーボールが加わり、2015年からは全女子ビーチバレーが加わることになっているので、すべてのカテゴリーが対象となりエリート90となる予定である。2014年度のエリート89（90名選出）では、全体の約54％に当たる49名がGPA4.0で、選出者の平均は3.96であった。学年構成は2年生が22名、3年生が35名、4年生が34名であった。選出された90名の専攻している学科は、生物学と商学、工学が12名ずつでトップ、化学とコンピューターサイエンスが5名ずつで続き、4名の会計学という順番になっている。

アカデミックオールアメリカンは、各競技内で学業優秀者を選出する。例えばアメリカンフットボールなら、各ポジションごとに1名ずつ、合計11名の優秀者を決めベスト11を選出する。各カテゴリーの各競技種目において、ファースト、セカンド、サードチームまで選出する。

シーズン制とマルチスポーツ

日本では一般的に1つの競技を年中行うことができるが、アメリカの大学スポーツは季節ごとに行う競技に制限がある。たとえば野球やソフトボール、陸上競技は春、アメリカンフットボールやサッカーなどは秋、バスケットボールやバレーボールなどは晩秋～春である。年中1つの競技に打ち込めないため、競技力の向上にはマイナスになるのではという懸念もあるが、アメリカの大学スポーツ経験者の多くがオリンピックなど国際大会で活躍して

いる姿を目にすると、練習量の多さということは必ずしも競技実績と比例しないことがわかる。もちろん技術の卓越・熟達という点では、数多く練習する方が向上するのかもしれないが、シーズンごとに異なったいろいろなスポーツ競技を経験することで身体能力の多様性を養うことができる。1つのスポーツだけすることで身体のバランスが偏ってしまうのを避けることは重要で、ケネディ元大統領のころに、国の政策としてスポーツのシーズン制を推奨したとも言われている。こうしたスポーツのシーズン制から生まれたアスリートのことをマルチスポーツアスリートと呼ぶ。

マルチスポーツアスリートの歴史は古く、1900年代初頭さまざまな競技で活躍したジム・ソープがあげられる。彼はネイティブアメリカンとヨーロッパ移民の間に生まれ、陸上競技、アメリカンフットボール、野球などで活躍した。1912年のストックホルムオリンピックで金メダルを獲得したものの、過去にプロ野球に在籍した経歴が発覚し、記録は取り消し、メダルは剥奪されたが、1982年のオリンピック理事会で記録とメダルの権利が回復し、翌年家族へメダルが授与されている。

また、アメリカメジャーリーグ初のアフリカ系アメリカ人ジャッキー・ロビンソンは、カリフォルニア大学ロサンジェルス分校（UCLA）では野球、陸上、バスケットボール、アメリカンフットボールで活躍していた。また、NFLサンフランシスコ・49ersとダラス・カーボーイズ（2度スーパーボウル制覇）で活躍したディオン・サンダースは、11年間MLBと掛け持ちでプレーをした。特にアトランタ・ブレーブス時代、ワールドシリーズに出場、スーパーボウルとワールドシリーズに出場した唯一の選手でもある。彼はNFL、MLBともともにルーキーイヤーだった1989年、同じ週にNFLでタッチダウンを獲得し、MLBでホームランを打った唯一の選手でもある。

最近では2014年2月のスーパーボウル制覇をしたシアトル・シーホークスのエースクォーター・バックのラッセル・ウィルソンは野球の才能もあり、NFLでプレーする前はマイナーリーグで野球をしていた。そして2013年のドラフトでテキサス・レンジャーズが彼を指名し、2014、2015年春のキャ

ンプに参加している。将来的に MLB でのプレーも視野に入れているという（もしレンジャースがマリナーズにトレードした場合という条件下で）。

　2012 年ロンドンオリンピックにおいては、陸上短距離男子 4 × 100 メートルリレーでアメリカ代表となったジェフ・デンプスは、大会後 NFL ニューイングランド・ペイトリオッツに電撃入団を果たしている。彼はフロリダ大学時代も陸上競技とアメリカンフットボール双方でチーム全米制覇を経験した。陸上の種目別では男子 100 メートルと 4 × 100 メートルで全米大学選手権優勝を果たしている。個人記録では 2013 年まで男子 100 メートルジュニア世界記録である 10.01 秒の正式な記録保持者でもあった。

　日本でもシーズン制が必要とされる時代が来るかもしれない。なぜならそれは少子化という問題が横たわっているためである。次世代の競技者の担い手は減少しており、日本の今後のスポーツ競技を担う新たな人材の確保が急務だ。競技団体が積極的にスポーツ教室に力を入れるのも、競技者確保に危機感を持っているからだろう。そこで日本もスポーツのシーズン制を導入することを検討すべきと考える。減少していく子どもの数をすぐに増やしていくことはなかなか難しい。また、すべての子どもがすべてスポーツをするわけではないので、スポーツに限らずあらゆる分野で組織の存続のための人材確保が必要不可欠になっていく。そこでスポーツ界はこれまでのように、1 競技で人材を抱え込むのではなく、いくつもの競技で人材を共有していくことが求められるのだ。

　2015 年女子サッカーワールドカップ決勝で、日本はアメリカに 5-2 で敗退したが、この差は競技者人口、つまりすそ野の広さの問題でもあると言われた。競技者登録数で 170 万人のアメリカに対し、日本は 4 万 5,000 人と約 40 倍の差があるという。ここでアメリカの女子サッカー 170 万人の競技者人口のからくりを解き明かすと、アメリカのスポーツはシーズン制となっており、NCAA では春、秋、冬の 3 シーズンに分かれていることによる。これは高校も基本的には同じで、女子サッカーなら秋のシーズンのみで、春や冬は別の競技をすることが求められる。

冬シーズン	春シーズン	秋シーズン
男・女スキー	男子バレーボール	フィールドホッケー
男・女ライフル	女子水球	男子クロスカントリー
男子室内陸上	男子テニス	女子クロスカントリー
女子室内陸上	女子テニス	女子サッカー
男・女フェンシング	女子ゴルフ	男子水球
レスリング	女子ラクロス	男子サッカー
女子競泳・飛び込み	男子ラクロス	女子バレーボール
女子アイスホッケー	男子ゴルフ	女子バレーボール
男子競泳・飛び込み	女子漕艇	フットボール
男子バスケットボール	ソフトボール	
女子バスケットボール	男子陸上	
女子ボーリング	女子陸上	
男子体操	野球	
女子体操		

NCAA サポートの競技スポーツのシーズン制

　つまり大学や高校でサッカーをする選手は、春に陸上、冬にバスケットボールをしているかもしれない。つまり競技人口は春や冬のスポーツ別競技に参加していると、そちらでもカウントされるのである。自ずと競技者の人口は全体的に増加する。移民問題もあり、アメリカの人口は今後も増加が予想される。かたや日本は少子高齢化で、子どもの人口は減少している。スポーツ人口を増やすとなると、競技ごとでの奪い合いとなっていく。その中で共存共栄を考えるために、また特に年小期の発育のバランスや多様性を養い、単一競技に偏り、筋肉や関節などのオーバーユーズによるけがなどの防止を考えると、競技期間を限定するシーズン制とマルチスポーツの促進は、日本の事情にもあった制度といえるであろう。そして学校の部活において、各競技で専用のグランドなどの施設を持たず、限られた施設を多数のスポーツ競技で共有することが多い日本では、シーズン制を実施することで、限られたスペースを少ない競技で有効活用することも可能となる。単独で試合ができず、複数の高校が合同チームを結成しないと試合が成り立たないスポーツもでている。人数不足を補う上でも、シーズンを限定することは、スポーツの可能

性を広げることに繋がるであろう。

マルチスポーツアスリートの一日

　パディユー大学のゲレン・ロビンソンは、アメリカンフットボール、レスリング、そして陸上投擲競技と3つの競技に参加している、三足の草鞋を履く男だ。パーディユ大学はイギリス・タイムズ誌の大学世界ランキング102位（2014-15年度）と、たいへんレベルの高い大学である。そこで学業を全うするだけでもたいへんなレベルで、3つのスポーツをこなすのであるから、その日々の過ごし方は並大抵の努力では成し遂げられない。

　ロビンソンの一日は朝7時からのアメリカンフットボールのトレーニングに始まり、午前中は授業を受け、昼食後すぐ陸上投擲競技の練習に参加、午後3時からレスリングの練習、夕方には学生アスリートの学習プログラムに参加し、予習や復習等を終え夜10時30分に終了する。必要な単位を落としてしまうと、3つのスポーツとも出場機会を失うので、疎かにしていいものは全くないのである。特に3つの競技のプログラムが集中する春のシーズンは、「自己鍛錬という点でもたいへんプラスになる！」と、ロビンソンは充実した学生生活を送っているという。

週20時間制限

　先にも述べたようにアメリカの大学スポーツの注目すべき特徴は、学業を優先すること、シーズンごとに参加できる競技に制限があることであるが、さらに注目すべきことは練習時間に制限が設けられている点である。練習やミーティングなどに参加できる時間は、シーズン中1週間で最大20時間、オフシーズントレーニングは週8時間、シーズン中は1日最大で4時間、オフシーズンは最大で2時間となっている。シーズン中は週1日は完全休養日を設け、オフシーズンは週2日完全休養日を設ける必要がある。シーズン中の試合は1日3時間とカウントされる。時間制限を受ける内容は、試合、練習、ウェイトトレーニングやコンディショニング、ミーティングやビ

デオ学習、その他必要な行事も含まれ、それぞれ曜日ごとに何時間参加したか、学生アスリート1人1人に報告義務がある。ジョージア工科大学では、これらの内容を週単位で毎週月曜日にコーチ、学生アスリートの署名入りで報告することを義務化している。

無制限にスポーツへ参加すれば学業に支障をきたすがことが懸念されるために、文武両道を行う上で時間制限はたいへん重要になるが、近年ではそれだけでなくスポーツにおけるさまざまなけがや障害のリスクを回避するためにも、スポーツに参加する機会を減らす傾向にある。アメリカンフットボールのように身体が激突するスポーツなどでは、フルコンタクト（無制限の激突）を極端に制限し、試合と同じライブ練習はほとんど行わない。また春に行われるミニキャンプ（オフシーズントレーニング）について、以前の25回練習から現在の15回練習に制限されたのも、けがをする機会を減らす意味が強いと言われている。

高校生の進学における学業成績

NCAAが定めるルールを全うするためには、高校生から高いスタンダードが求められる。大学の学業をクリアするベースは高校までに育んでおかねばならないからだ。日本で言うスポーツ推薦入学の資格を得るためには、NCAAが定めた学業の基準を満たすことが必要になる。Div.1の大学に入学する条件事例として、高校での主要16科目の成績をクリアすること、そのうち10科目は高校4年生が始まるまでに修了することが求められる。その10科目の中7科目は英語、数学、自然科学、物理の分野である。GPAは最低2.3が必要で、これに加えACT（900）やSAT（75）といった大学進学の適性試験の連動的な審査基準もクリアする必要がある。これらの基準を満たしてはじめて、大学入学と奨学金の受給、および競技参加が認められるのである。

レッドシャツ制度（先述の1年間試合に出場しない変わりに学年を1度だけ繰り返すことができる制度）で参加する場合には、若干基準のハードルが下がる。

主要16科目を全うすることは変わらないが、上記の細かな規制はなく、最低GPAは2.0になる。GPAとACT（1010）やSAT（86）の連動的な審査基準も、これにより若干変動が出てくるだろう。

勧誘における公平性

　NCAAの役割としてあげられるのは、大学スポーツ参加の公平性を保つということだ。つまりどの大学も等しく同じ条件でスポーツを行うということになる。日本ではスポーツやチームごとに、シーズンや練習する時間もまちまちである。年中練習をするところも少なくない。中には授業に出なくても卒業させる大学もあるかもしれない。つまりスポーツ以外のことは何もしなくてよい環境があるわけだ。逆にアメリカに倣い、文武両道を実践する大学もあるだろう。たくさん練習をする方が上達するのはどの世界でも同じだが、大学スポーツは本来あくまでもアマチュアスポーツであり、学業を優先することは当然と言える。そのためにNCAAは、加盟する大学へ等しく同じルールで活動することを義務づけているのである。

　高校生の勧誘でもこの公平性は求められる。どの大学も有望な新人の発掘は、チームの将来において最も重要なことである。当然有望な高校生は多くの大学からの勧誘を受けることになる。ここでも公平性を保つ上で、各大学のリクルーターと高校生双方にルールを設けている。たとえば高校2年生の事例（Div.1アメリカンフットボール）としては、公式な勧誘行事（キャンパス訪問など）には参加はできない。非公式なキャンパス訪問への制限はないが、この場合の交通費は本人負担である。また、コーチとの会話を制限する時期（Dead Period）がある。コーチから公式訪問や電話勧誘はできないが、高校生からの電話は本人の費用負担で可能となる。高校3年生になるとコーチからの電話勧誘は4月15日〜5月31日までの間1度だけ可能となるが、それ以外は高校2年生と同じである。4年生になるとコーチは9月1日から毎週1度ずつ電話勧誘が可能となる。高校生側からは2、3年生と同様である。大学への公式訪問は4年生新学期開始日から可能となり、この場合は大学が

スポーツ奨学金を得ることのできる学生アスリートの定員枠

Division 1 スポーツ	男子	女子
野球・ソフトボール	11.7	12
バスケットボール	13	15
陸上	12.6	18
アメリカンフットボール	85	0
ゴルフ	4.5	6
アイスホッケー	18	18
サッカー	9.9	12
テニス	4.5	8
バレーボール	4.5	12
水泳	9.9	8.1

自宅から大学までの往復交通費を負担することができる。また、滞在中の宿泊費、食事代（1日3食）、ホームゲーム招待を含めた娯楽費なども、大学が負担をする。公式大学訪問は1大学につき1度となり、最大で5大学（Div.1、2）までとする。大学より公式訪問の招待を受ける前に、各高校生はNCAAへ学業成績の書類の提出が義務づけられる。大学外での面会は11月25日以降となり、コーチが1高校生（保護者を含む）につき、6回まで面会可能となる。

　リクルートの規約違反には、チームのスポーツ推薦枠の削減や、全国大会などの出場制限など、大きなペナルティが課せられるので、細心の注意がはらわれているが、細かなところでの規約違反は毎年のように報告されている。

　参考までにNCAAが定める、1大学で1競技のスポーツ奨学金を得ることのできる学生アスリートの定員枠は、表のとおりである。毎年最終学年の選手枠と、退部や退学などで空いた枠など大学の事情により、スポーツ奨学金でリクルートできる選手枠は、大学ごと、またその年ごとに一定ではない場合が一般的である。

プロスポーツとのかかわり

　プロスポーツへ進むことは、スポーツを志すアメリカの若者の夢である。そのためNCAAではいくつかの取り決めがある。たとえば、スポーツによっ

ジェイク・ロッカー

ては高校卒業後プロに進むまで、一定期間を経ないと進めない場合がある。アメリカンフットボールでは高校卒業後3年、バスケットボールでは高校卒業後1年を経過しないと、プロに進むことはできない。いいかえれば、大学を卒業しなくても、一定期間を経てプロへ進むことが可能ともいえる。このことを「アーリー・エントリー」と呼んでいる。レッドシャツ制度を受けた者なら、2年生終了時点でNFL（NBAの場合レッドシャツ年度終了時）でプロへ進むチャンスが出てくる。また、マルチスポーツ制度のため、野球とアメリカンフットボール両方からドラフト指名を受けることもある。たとえばワシントン大学でアメリカンフットボールをしていたジェイク・ロッカーは、大学3年生の時にMLBカリフォルニア・エンジェルズからドラフト10位指名を受けた。本人は大学では野球チームに所属していなかったが、高校生時野球をしていた時の評価を受けてのドラフト指名だった。最終的に4年生までアメリカンフットボールを続け、野球の道へは進まず、現在はNFLテネシー・タイタンズでプレーすることを選んだ。3年生でエンジェルズからドラフト指名を受けた時、ジェイク・ロッカーはある契約を結んでいる。もしロッカーが野球を志すと決めたとき、向こう10年間エンジェルズが優先

的に契約の権利を持つ、というものだ。そのためロッカーはスポーツ奨学金を放棄し、一般学生の扱いとなったが、残り 18 か月分の学費についてはエンジェルズが支払うことになった。NCAA の規約では同じスポーツ、つまりアメリカンフットボールのプロ契約を結べば、アメリカンフットボール選手としてのスポーツ奨学金を打ち切られることになるが、別競技のプロ契約ということであれば、奨学金が継続されることになる。ロッカーのケースは、チームに奨学金枠を 1 つ増やす貢献をしたともいえる。実際、現在 NFL シアトル・シーホークスのラッセル・ウィルソンは、ノースカロライナ州立大学時の 2010 年、コロラド・ロッキーズと契約を結んだが、アメリカンフットボールのスポーツ奨学金は継続された。

3 学生サポートの仕組み

　1980 年代初頭、学生アスリートの競技引退後の人生崩壊が問題化し、スポーツ強化だけでなく、文武両道をもとにしたプログラムの必要性が叫ばれはじめた。1980 年にジョージア工科大学の体育局長に就任した、元 NFL シンシナティ・ベンガルズヘッドコーチのホーマー・ライス氏が、学生の人格形成プログラムとして開始したトータルパーソンプログラムが、アメリカの大学スポーツにおける、学生アスリートのサポートプログラムの起源になっている。
　学業とスポーツ競技双方での成功を目指し、心身とも健全な人格形成を促すことで、学生アスリートを人生の成功へと導くことが、このプログラムの役割となっている。このような取り組みは全米に普及していき、1991 年には NCAA がトータルパーソンプログラムをモデルとして、CHAMPS (CHallenging Athletes' Minds for Personal Success) ライフスキル・プログラムの推奨にのりだしていった。文武両道の取り組みに至る歴史的背景には、1980 年代のアメリカにおける経済的不況と、学生アスリートへのセカンド

大学でスポーツをする人口数と、プロからドラフト指名を受ける数（2013年NCAA発表）

	男子バスケットボール	女子バスケットボール	アメリカンフットボール	野球	男子アイスホッケー	男子サッカー
高校生アスリート	538,676	433,120	1,086,627	474,791	35,198	410,982
高校4年生アスリート	153,907	123,749	310,465	135,655	10,057	117,423
大学生アスリート	17,984	16,186	70,147	32,450	3,964	23,365
大学1年生アスリート	5,138	4,625	20,042	9,271	1,133	6,676
大学4年生アスリート	3,996	3,597	15,588	7,211	881	5,192
大学生アスリートドラフト	46	32	254	678	7	101
高校から大学への進学率	3.3%	3.7%	6.5%	6.8%	11.3%	5.7%
大学からプロへ進む率	1.2%	0.9%	1.6%	9.4%	0.8%	1.9%
高校からプロへ進む率	0.03%	0.03%	0.08%	0.50%	0.07%	0.09%

キャリア教育への不備による、スポーツ引退後の生活の破たんがある。2013年にNCAAから発表された高校、大学でスポーツをする人口数とプロからドラフト指名を受ける数は上の表のとおりである。

　最も人気のあるアメリカンフットボールを例にすると、高校でアメリカンフットボールをする選手数は108万6,627人で、その中で31万465人いた高校4年生のうち大学へ進んで競技を続ける数は2万42人、大学でアメリカンフットボールをする全選手数は7万147人で、そのうち4年生は1万5,588人、実際にプロのドラフトに進んだのは、254人であった。NFLがスカウトに先立って調査する大学のアメリカンフットボール選手は年間6,500名程度おり、ドラフト前のコンバインという競技会に招待を受ける数は350名に絞られる。ドラフト外のフリーエージェントも含め、300名程度が毎年NFL入りするが、4年後にはその半分の150名は引退している。NFLの最低賃金は42万ドル（2014年）で、税引き後は25万2,000ドルである。高校から大学へ進んでプレーを続ける者はわずか6.5％、大学からプロに進めるのは1.6％である。100万人以上いた高校生から、NFLへ進めた者はわずか

に0.08％で、この数字が物語っているものは、ほとんどの者はそのスポーツで飯は食えない、ということである。そしてNFLの場合競技生命は2、3年であり、長くプレーし大金を手にできるものはほんの一握りのトップ中のトップの選手だけしかいないのである。つまり引退の日が他の業種に比べてとても早く訪れ、残りの人生が長いアスリートには、スポーツから離れた後も別のすべを身につけて生きていくことが求められるのである。

　ジョージア工科大学のトータルパーソンプログラムの主な内容としては、新入生への適応教育、キャリア支援、地域貢献、学生によるプログラム評価、業績表彰、薬物に関する教育、ライフスキル教育などがあり、ライフスキルには「ストレス／タイムマネジメント」、「資産管理」、「性犯罪や暴力防止の教育」、「ドラッグ及びアルコールに関する教育」、「エチケットトレーニング（ビジネス、授業、食事、その他）」、「スポーツ栄養学とサプリメントに関する教育」が提供される。このほかにリーダー養成のプログラム（全学生必須）も用意されている。

　まず新入生を対象として、入学前に高校から大学への適応プログラムともいえるオリエンテーションを実施することが一般的だ。ジョージア工科大学ではASPIRE（Athlete's Successful Planning in Reaching Excellence）、ワシントン大学では以前はBridge Programと呼ばれ、まさに高校と大学をつなぐ架け橋的なプログラムである。通常は1週間程度で終了するが、学習能力、時間管理、履修方法、NCAAの規約、ライフスキル、多様性についての解説や指導、ゴールセッティングパーソナルミッションステートメント（人生設計と目標設定）作成などが含まれている。その後、学年ごとにテーマを決めて、さまざまなプログラムが用意されていく。近年ワシントン大学では1年生向けのプログラムとして、Learn Experience Acheive Program（LEAP）というプログラムも取り組まれている。夏学期における入学前の1年生対象のプログラムで、6単位が与えられるものである。5単位は英語の集中的な筆記科目で、残りの1単位はライフスキルに関するものになる。ここで徹底的に教育の重要性が叩き込まれる。つまり大学スポーツではGPAの点数が、タッ

チダウン（アメフトの得点）やゴール（サッカーやバスケットボールの得点）よりも重要であることを学ぶことになる。

　上級生になると体育局全体、もしくは所属チームごとに、ライフスキルやリーダーシップをベースとした人格形成プログラムが実施されている。

学業サポートの仕組み

　NCAAによって定められたスポーツ参加における学業成績の基準をアスリートの自己努力だけでクリアするのはたいへんハードルの高いことである。そのため大学体育局は教育支援専門のアカデミックサポートセンターを設けている。学業支援専任の教務職員には、学生アスリートの学業支援と指導を行うカウンセラー、コーディネーターやアドバイザー、科目ごとの指導教員（チューター）や、チーム専任のアカデミックコーチなどがいる。ワシントン大学の事例によると、体育局所属の教務担当はフルタイム職の15名とパートタイムのサポート職員で構成されている。約650名の学生アスリートに対し、4名のアカデミックアドバイザーが担当し、1人160名を受け持っている。直接学生アスリートの個別教育指導を行うチューターはGPA3.3以上が求められ、担当する学生アスリートの専門科目を履修した経験のある大学院生に対して求人をかける。1対1の個別指導から、数名のグループ指導まで、きめ細かなサポートが提供される。

　ワシントン大学では1週間の教務状況の報告を毎週水曜日に行い、教務担当者より各チームのコーチへ学生アスリート1人1人の進捗状況や、授業出席状況などが報告されている。欠席すると補習があり、また欠席回数によっては練習参加や試合の出場資格を失うこともある。ワシントン大学アメリカンフットボールチームでは、週3回授業を欠席すると出場停止となり、試合後の夜に補習を受けることが義務づけられていた。また授業中の態度、たとえば居眠りや私語なども報告される。熱心なコーチは抜き打ちで授業の視察をも行うこともある。2013年までワシントン大学アメリカンフットボールチームで指揮を執ったスティーブ・サキージャン氏（現南カリフォルニア大学）

ワシントン学生アスリート専用教務職員のオフィスや、自習及び個別指導を行う施設アッカーレイ・アカデミック・センター

ワシントン大学学生アスリート専用アカデミックコーチによる個別指導

ワシントン大学体育局アッカーレイ・アカデミックセンター

上：授業を視察するワシントン大学アメリカンフットボールチームヘッドコーチ

左：ワシントン大学アメリカンフットボールチームヘッドコーチのオフィス横に掲げられたアカデミックトップ10ボード。1位はビショップ・サンキーのGPA3.80（2012年冬学期）7位はトーマス・タトジのGPA3.50

第1章　アメリカの大学スポーツ●――35

ビショップ・サンキー

は、頻繁に大学の授業を視察していた。「学生アスリートたちが居眠りをしていないか、携帯電話をいじったりしていないか、ヘッドホーンをつけて音楽を聴いていないか、たまに授業を見て回ることも重要な仕事である」と話されていた。こうした努力もあり、ワシントン大学では学生アスリート全体のGPAが一般学生を抜く事態となり、2009年ではGPA3.07（学生アスリートへアンケート調査を行い、513名からの回答を得た）を記録した。

ワシントン大学には男女合わせて21の競技スポーツチームがあり、そのうち15チームはGPA3.0以上（2014年春学期終了時点）をおさめている。実に総学生アスリートの62％に当たる337名がGPA3.0以上、128人がGPA3.5以上をおさめ、Dean's List（学業優秀者名簿）に選ばれている。その中で女子サッカーチームのスターゴールキーパー、3年生のミーガン・カーフェルド（3年生・分子生物学専攻）と、アメリカンフットボールチームの4年生（2014年春卒業）トーマス・タトジは、春学期のGPAは4.0の満点だった。カーフェルドは現在通算GPAも3.98で、薬学研究者と共同で研究している「たんぱく質の変化が与える細胞の成長と発達」については、「理論的には正しいので、彼女の研究が成功すれば、がん治療につながると思われる」と、今かかわっている研究の価値について語っている。また、3年生修了時でNFL入りするビショップ・サンキー（2014年卒業）は、2012年冬学期にGPA3.8（コ

ミュニケーション学）を記録し、通年でGPA3.2となった。NFLテネシー・タイタンズからドラフト2位指名を受け、プロフットボールに進み、将来的には法科大学院進学も視野に入れている。

　NCAAのハードルとは別に、チーム独自に学業成績の基準（NCAAの基準より高い）を設けることも可能である。たとえばフロリダ大学アメリカンフットボールチームが独自に設けた単位目標では、1年生は入学前の夏学期に6単位、秋学期14単位、春学期15単位、夏学期6単位で合計41単位、2年生時は秋学期14単位、春学期15単位、夏学期6単位で通算76単位、3年生時は秋学期12単位、春学期15単位、夏学期6単位で通算109単位、4年生は秋学期12単位で、通算121単位となり、多くの学部が120単位なので、6月の春卒業を待たずに秋学期後の卒業も可能となる。2008年に全米制覇した年の4年生は卒業率100％だった。春学期を待たずに秋学期終了後に卒業する学生アスリートが多いことからも、フロリダ大学の教育支援体制の質の高さがうかがえる。

　こうした高いハードルを設ける上で、具体的な学業サポートも必要となる。数ある科目の中から何を選択するのかを決めることも求められる。個別指導のカウンセリングでは、将来進むべき道に必要な履修の指導から行われる。学習スキルの習得や授業のノートの取り方、予習や復習の方法など、具体的な学習戦略も身につけることが必要となる。

　個別またはグループによる教育プログラムでは、週5～8時間の学習が義務づけられている。毎週教務担当から各コーチに報告がされると、コーチから担当の学生アスリートへ具体的な指導もされる。コーチはスポーツの技術指導だけでなく、教育サポートも行うことが求められる。

学生アスリートの高い学力

　近年日本の大学ではスポーツ強化に伴い、スポーツ関連学部を新設するところが増えていることもあり、スポーツをする学生が専門課程としてスポーツ関連のコースを選ぶ比率も増えていると聞く。アメリカではどうだろうか。

たとえば2009年（1月時点）のワシントン大学を事例にすると、513名の学生アスリートへアンケート調査を行ったところ、その中で多くの者が履修していた科目トップ5は、社会学13.6％、経営学9.0％、生物学7.7％、政治科学6.8％、経済学6.3％となっている。スポーツ関連の専門分野を履修する者は、意外と少ないと言える。これはスポーツ競技引退後、スポーツとは違った世界で生きていくことを念頭に置いているためである。

ちなみに2014年ソチオリンピックアメリカ女子アイスホッケーチームには、ハーバード大学出身者が4名いたが、彼女たちの選考したのは人類学（1名）、心理学（2名）、歴史科学（1名）だった。アイスホッケーアメリカ代表チーム21名中17名は、イギリスTIMES誌における大学世界ランキングで、名古屋大学（世界ランキング226-250位）以上の大学出身者で構成されていた。ハーバード大学は世界ランキング2位、ワシントン大学は26位、ジョージア工科大学は27位、フロリダ大学は126位で、日本の国立大学（東京大学23位、京都大学59位、大阪大学157位）レベル以上の大学で文武両道が行われていることは、学生アスリートに求められるハードルの高さを物語っている。一般学生と同じ条件で学ぶのだから、並大抵の努力では成し遂げられないレベルだ。この取り組みを実践することにおいて、大学のさまざまなサポート体制も重要となっているのである。ちなみに女子アイスホッケー決勝を争ったカナダ代表にも、コーネル大学（TIMES19位）を筆頭に大学世界ランキング50位以内の大学出身者が多数含まれていた。

2012年ロンドンのオリンピック女子サッカーのアメリカ代表メンバーには、大学世界ランキング上位の大学出身者が多数参加していた。2012年タイムズ大学世界ランキング（200位以内）で、東京大学よりも高いランキングの大学出身者が7名（スタンフォード大学3名、ワシントン大学1名、カリフォルニア大学1名、UCLA2名）、京都大学以上は2名（ノースカロライナ大学2名）、大阪大学以上が5名（フロリダ大学2名、USC1名、ノートルダム大学1名、ラトガー大学1名）と、全選手18名中14名は200位以内の大学出身者で占められていた。2015年女子サッカーワールドカップ優勝のアメリカ代表23名中

20名は、TIMES150位以内、14名は58位以内、5名は15位以内の大学出身者であった。

キャリアサポートの仕組み

卒業後の進路支援は、1年生より始められる。大学内でのさまざまな活動を経験することは、履歴書に書く最初の活動となる。これは入学時に受けた適応プログラムにある、ゴールセッティングやミッションステートメントと適合していることが望ましい。また就職フェアなどへの参加は、将来の就職活動でのコネクション作りや、キャリアパスを構築していくことにも役立てられる。

2年生になると履歴書に書くことのできる継続的な学内の活動への参加と、就職活動のためのワークショップの受講、Job Shadow（週10〜15時間）と呼ばれる企業での見学的インターンシップ（日本では一般的なインターンシップ）、採用担当者との意見交換会などへの参加がある。

3年生になると履歴書の点検を経て、大学の履歴書のデータベースへ登録を申請できる。またネットワークを活用して履歴書を登録、企業や卒業生にアクセスし、インターンシップの求人などを利用できるようにもなる。夏のインターンシップだけでなく、通年応募可能なインターンシップを通じ、専門的な仕事を経験していく。インターンシップは年中参加が可能で、学期ごとに申請ができる。インターンシップに入る前に通常Practical-Trainingと呼ばれる実践的な訓練が必要で、大学生は100時間（週40時間）で、大学院になると150時間の事前訓練を受けることになる。実際のインターンシップに参加することになると、一般業務と同じ内容の仕事をすることもあり、1学期16週間（週40時間）の雇用が一般的である。学業、インターンシップ、そしてスポーツ活動と、さまざまなスケジュールをこなすために、入学時から取り組んでいるタイムマネジメント能力を最大限に発揮することが求められるのである。また、模擬面接などをとおして、実際の就職面接に備える準備もこの時期に必要となる。引き続き就職説明会や就職フェアなどへの参加

を通して、企業とのコネクション作りも継続する。

　4年生になるとアカデミックカウンセラーや学生アスリートデベロップメントコーディネータなどと、1対1の個別面談を行い、就職希望か大学院進学の方向性を固めていく。その上で最終履歴書の作成を行う。学内行事の経験だけでなく、インターンシップで得た経歴も立派な肩書となる。そして卒業の最低6ヵ月前には本格的な就職活動を開始することが求められる。アメリカでは通常、求人は新卒大学生のためのものはなく、日本で言う中途採用の雇用しかない。そしてインターンシップで実践的な経験を積んだ者は社会人経験があると見なされ、日本で言うところの第二新卒以上の中途採用と同等に扱われる。つまり大学新卒の段階で、スキルや経験が求められるのである。

　企業が学生アスリートであった卒業生に求めているものは、競技者として活躍した輝かしい実績ではなく、より高い職能にある。セールス職に就くなら、クライアントを過去の有名な競技者と握手させることで喜ばすことではなく、より有能なビジネスパートナーであることで、双方に価値あるものをもたらすことを望んでいるのだ。野球選手が競技を引退した後、すぐ別の分野に転身して、そこで求められるのは、野球と同様その分野の4番バッターとなることである。バットの握り方すら知らない者が、MLBでドラフトにかかることはあり得ない。一般のビジネスでも同様である。アメリカでは大学生が新卒で就職するということは、いきなり4番のバッターボックスに立ち、ホームランを求められるようなものだ。その職能訓練の位置づけとして、インターンシップを活用しているのである。

　スタンフォード・アメリカンフットボールチームでは、夏の就労機会となるプログラムを提供している。担当のアソシエート・アスレチックディレクターのマット・ドイル氏によると、2014年の夏に学生アスリートが働いている業界は、金融・財務関係関連が14企業、技術・工業系の仕事が11企業、医療系が6企業である。ドイル氏がコーディネートしている業界は、主に学生アスリートが学んでいる専門分野や、将来進みたいと思っている分野で、

具体的な就職面接やインターンシップにつなげていくものである。この夏にこのプログラムを通して、約60名以上の学生アスリートが仕事に参加している。シスコシステム、スカンスカUSA、バンク・オブ・アメリカ、メリルリンチなどがその主な企業である。

プロアスリートの学歴

　アメリカのプロスポーツのHPにある選手紹介・プロフィルをみると、選手の学歴に当たる部分は通常「College」つまり出身大学となっている。これから察せられるのは、アメリカのプロスポーツが大学教育を尊重しているということである。高い教育と素晴らしい競技力を併せ持つことが求められる、アメリカの大学スポーツを経験したことに、アメリカのプロスポーツ界が敬意を示していると思われる。アーリーエントリーにより、大学卒業前にプロスポーツへ進む選手も多いが、卒業しなくても所属した大学名を記載することができる。わかりやすい例として阪神タイガースのマット・マートンも3年生でプロへ進んだためまだ卒業資格を有していないが、阪神タイガースの学歴にもジョージア工科大学と記載されている。シアトル・マリナーズからニューヨーク・ヤンキーズで活躍したイチロー選手（2015年よりマイアミ・マーリンズ）は高卒なので、Collegeというカテゴリーには該当せず、該当なしの英語の略（not applicable）『N/A』になっている。

NCAA女子アスリートMVP

　2014年で24回目となる今年のNCAA女性学生アスリート賞（the Woman of the Year）にノートルダム大学女子サッカーチームのエリザベス・タッカーが選ばれた。この賞は競技力、学力、地域貢献、そしてリーダーシップの4つの要素を網羅している女性アスリートに与えられるもので、タッカーの受賞は1991年に始まって以降、女子サッカー選手として初受賞となった。

　タッカーはノートルダム大学の女子サッカーチームの4年間では、2010年の1年生から25試合中22試合で先発し、全米制覇に貢献した。2012年

にはU-23女子全米代表に選出、2012，13年と2年連続でチームキャプテンを務めた。学業では会計学を専攻し、GPAは4.0の満点で卒業。2012，13年と2年連続でNCAAアカデミックオールアメリカンファーストチームに選出、2014年にNCAAの大学院奨学金を獲得した。また地域貢献では2,000時間以上費やして、ホームレス支援、お年寄りの支援、そして子どもの支援など多方面で活躍した。

タッカーは大学進学に際し、最も教育力が高く、そしてサッカーで活躍できる場、あらゆる面でチャレンジできる環境としてノートルダム大学（2014年度イギリス・タイムズ誌大学世界ランキング86位）を選んだ。初年度から全米制覇にレギュラーとして貢献できたことは、タッカーの選択は正しかったと言える。ちなみにタッカーは高校生の時サッカーチームには所属せず、ビショップケネディ高校の陸上チームでトラックとクロスカントリー、そしてバスケットボールチームで活躍した。陸上トラックでは主にリレーで活躍し、4×800mリレーでは3度の州チャンピオンに輝いた。クロスカントリーでは2008年州の優勝チームに選ばれ、2009年では州のベスト選手にも選出されている。バスケットボールチームではチームのキャプテンとして活躍した。

NACDAディレクターズカップ

アメリカの大学スポーツでは、各競技での全米王者を決めるだけでなく、その年の総合的な評価もされる。全米大学体育局長会は、ディレクターズカップをその年に最も活躍した大学へ授与している。

Div.1では1993年から始まり、第1回は北カロライナ大学が受賞、その後第1回では2位のスタンフォード大学が2013年まで20年連続で受賞している。

Div2でも1995年から始まり、カリフォルニア大学デービス校が初代チャンピオン、最初の8年間で6度（2位が2度）受賞している。カリフォルニア大学デービス校は2003年度以降1部リーグへ昇格し、以降はグランド・ヴァレイ州立大学が12年間で10度（2位が2回）受賞している。

Div3ではウィリアム大学が20年で18度(3位が1回、4位が1回)の受賞となっており、スポーツ強豪校は毎年総合的に一定の戦力を維持していることがわかる。

　2014年度Div.1のディレクターズカップ総合ランキングでは、1位のスタンフォード大学(タイムズ大学世界ランキング4位)を筆頭に、2位にUCLA(同12位)、USC(同75位)、フロリダ大学(同126位)、北カロライナ大学(同46位)、バージニア大学(同130位)、オハイオ州立大学(同68位)、ペンシルバニア州立大学(同58位)、テキサス大学(同28位)、ノートルダム大学(同86位)と、全てタイムズ紙の大学世界ランキングで150位以内(大阪大学は157位、名古屋大学は226-250位)、100位以内が8大学(京都大学は59位)、20位以内は2大学(東京大学は23位)である。1位のスタンフォード大学や4位のフロリダ大学は、過去多数のアスリートをオリンピックへ送り込み、金メダルを含め多数のメダリストを輩出している。その他の大学もオリンピックのメダリストやプロアスリートをプロスポーツへ送り出している。スタンフォード大学は過去のオリンピックにおいて、128個の金メダルを含め、トータルで223個のメダルを獲得し、2012年ロンドンオリンピックにおいては、12個の金メダルを含む16個のメダルを獲得した。

　フロリダ大学は1968年メキシコオリンピック以降2012年ロンドンオリンピックまで、現役の学生アスリートと卒業生合わせて163名(海外37ヵ国の代表を含む)をオリンピックに送り込み、50個の金メダルを含む109個のメダルを獲得した。

　2014年に日本のプロ野球ドラフト会議で、京都大学初のプロ野球選手が誕生したことが話題となったが、このレベルのトップアスリートは、アメリカでは当たり前となっている。また、アメリカ人のみならず、海外からの留学生も多数アメリカの大学スポーツに参加しており、オリンピックのメダリストにはアメリカの大学出身者も多い。日本でも政府が大学世界ランキングトップ100に日本の10大学を入れたいと力を入れている。また東京オリンピックにおいて、金メダル30個を目指すという。しかしその両方を同時に

成し遂げる発想は今のところ日本にはない。

4 プロアスリート引退後のキャリア支援

　毎年日本ではプロ野球のシーズンが終了するころ、チームを去る選手の話題が増えてくる。テレビ番組で解雇されたプロ野球選手のその後を特集する番組も毎年放送されている。秋のドラフト会議においては、12球団で最大120名を指名することができる。プロ野球の支配下登録選手は1チーム70名であるから、新しい戦力をプロの世界へ向かえるということは、同時に120名の現役選手が引退して通常の仕事に就くか、他球団や海外、そして独立リーグなどに野球選手として再雇用を求めていくことになる。日本プロ野球機構（NPB）では毎年秋のフェニックスリーグで、若手選手を中心にセカンドキャリアに関するアンケートを実施している。2013年の調査では「引退後の生活に不安」を持つ選手の割合は、全体の73.9％で、年々上昇傾向（直近では70％、71.5％）にある。（2014年の調査では69.3％と、8年間の調査で初めて7割を切ったが、依然として高い水準を推移している）

　引退後の希望進路としては、プロ・アマ野球の指導者が5割を超え、現役続行も15％以上いる。その他球団職員を含めた野球関連の職業に就くことを希望するものは、全体の8割近くいるが、一般の企業などへの転身はわずか2割ほどである。プロ選手がアマチュア野球の指導が可能となって以降、プロ野球選手引退後、高校や大学などで指導者を目指す道が開けてはいるが、全てに門とが開いているわけではなく、一般の仕事も含めてセカンドキャリアを考えることが必要となっている。

　日本のもう一つのメジャープロスポーツのJリーグでは、2007年から2012年の間で毎年103人〜162人が移籍や引退で選手登録を抹消された。引退選手のうちでサッカーに関わる仕事につけたものは1〜2割程度ということだ。一般職を含めた再就職支援や人生設計、資産管理や就業教育（英会

話やパソコン教室）など、早い段階から選手のセカンドキャリアを支援してきたJリーグではあるが、サッカー以外の分野への転身において、キャリア教育が十分行き届いていないのが現状と言える。

　プロ野球では30歳までに、Jリーグでは20代半ばでの引退が平均ということになると、一般の仕事で言うところの第二新卒に匹敵する年代だ。ある程度の経験知も求められる世代なので、未経験の分野にチャレンジしたいと思っても、受け入れる企業の目も厳しく、プロスポーツで活躍したからといって、経験のないものに仕事を教えて給与を支払おうというところは少ない。スポーツ選手に限らずとも一般的に新卒で離職率が30％という問題もあり、企業が一から新人教育に労力を注ぐのも、その費用対効果が問われる時代だ。一般学生も就職が難しい状況では、スポーツで活躍したことは引退後別の分野で生きていくために何の力にもならないのである。企業も営業の4番バッターを求める時代に、バットの握り方から手とり足取り教えている余裕はないのだ。アスリートも引退後どのような分野に進み生きていくのか、そのために必要な準備をいつどのようにするかは、考えておく必要がある。NBAで活躍したジャキール・オニールは引退後不動産ビジネスへ転身、フェニックス大学のオンラインMBAを取得した。「NBAではアスリートと一緒に仕事をした。NBAというトッププロスポーツで活躍するため、その準備ができていなければできない厳しい現場だ。引退後はビジネスマンと一緒に仕事をしていくことになった。だからそのための準備をしっかり整えなければいけない」、オニール氏がMBAを取得したのはそのような理由があるのだ。そして今後は法科大学院への進学も考えているという。現役時代高額収入を得ていたものが、引退後も他のビジネスでも成功しようとする背景には、常に国民としての義務である納税を意識し、そしてゆとりある中からチャリティで社会のための基金提供をする風土がある。

　引退後どのような分野に進もうとも、その下地となる基礎は教育である。アメリカの大学スポーツが、文武両道を絶対条件としているのは、スポーツでの成功を求めることの成功率の低さとリスクの高さを自覚しているからで

ある。そしてスポーツ成功者が引退後に大学へ戻って学び直すのには、自分の次のステップアップだけでなく、次世代にも模範をしめさねばいけない、という高い志があるからだといえよう。

引退後の人生と NFL 選手の経済問題

　高額所得者を輩出するアメリカのプロスポーツ界において、引退後の人生設計を安定させることは、たいへん重要な取り組みである。短い選手生命を終えた後、さほど多くの資金を持たずに一般社会へ戻るものもいれば、大金を手にして引退するものもいる。どちらの場合も一生安泰というものはほとんどいない。年俸2,200万ドルのグリーンベイ・パッカーズのアーロン・ロジャースなどは例外中の例外で、新人の平均年収は40万ドル程度である。平均2、3年の選手寿命のNFLでは2軍を持たないため、ベンチ入りできなければほぼ選手生命は終わったと考えてよい。もちろんけがをした選手が出れば、急遽出場機会を得ることもあるが、多くはそのお呼びもかかることはない。

　また大金を得た者ほど浪費癖や投資などの失敗をするものが少なくない。近年は特に投資詐欺にあったり、資金管理を専門家（相手をよく吟味せず）や家族に任せっぱなしにして、損害を被るケースも後を絶たない。1999年から2002年の間に、少なくとも78名の選手が、計4,200万ドルの損失を招いていると言われている。その多くは相手の経歴を鵜呑みにして、代理人やファイナンシャルアドバイザーに信託した結果である。

　15年間NFLで活躍し、高額所得者のトップに挙げられたこともあるテレル・オーウェンスや7度のオールプロ選出（ベスト11）のウォーレン・サップなどは、自己破産した元選手としても有名である。ウォーレン・サップの場合、NFL時代に稼いだ金額は8,218万5,056ドルであったが、2012年には彼の銀行口座の残高は826.04ドルであった。

　2009年にNFLセントルイス・ラムズと3,750万ドルの5年契約を結んでいたジェイソン・ブラウンは、当時センターというポジションで最も高い金額で契約を結んでいた。フリーエージェントとなった2012年（当時29歳）に、

突然引退し農業家に転身した。最後の契約で2,500万ドルを手にしていたが、残りの1,250万ドルを得る機会を放棄した格好だ。

引退の理由は故郷ノースカロライナ州の貧困をなくすため、農業に転身し、収穫した中から貧困層へ食料提供することが大きな理由だ。2014年にはさつまいも4万6,000ポンド、きゅうり1万ポンドを低所得者の食糧配給機関へ提供している。

NFLからNASAエンジニアへ

1986年のNFLドラフトでデトロイト・ライオンズから指名を受けたリーランド・メルビン氏は、最初のシーズンで太ももの肉離れにより、初年度の開幕を待たずに解雇通知を受けた。その後ダラス・カウボーイズよりオファーを受けたが、再び肉離れを起こし、一度も公式戦の場に立つことなく引退した。ダラス・カウボーイズに入団した同じ1986年、学び直しとしてバージニア大学に入学し、材料物理化学を学んだ。そこでNASAが宇宙飛行士を募集していることを知り、自分のアスリートとしての経歴とエンジニアの経験がこの仕事に適していると確信し、1989年から2009年までNASAの宇宙飛行士として活躍した。メルビン氏の宇宙への最初のミッションは、2008年2月に打ち上げられたスペースシャトルアトランティスであった。

最近MLBへ進んだ日本人投手が、ひじや肩の故障がたびたび報道され、その際に「トミー・ジョン手術」という言葉を耳にする機会が増えた。トミー・ジョンとは、MLBで1963年から1989年まで活躍し、通産288勝を挙げた名投手のことで、1974年にひじの腱を切断する大けがに見舞われた際、外科医師のフランク・ジョブズ博士による腱移植手術により、見事復活を遂げたことから、トミー・ジョンという名前がこの手術につけられた。288勝のうち、この手術後の14年間で上げたものが半数以上の164勝にものぼることで一役有名になったわけだが、いまもしトミー・ジョン手術が成功しなかった場合、もしくは復活しても再び大きな活躍ができなかった場合、第二の人生が必要になることになる。「トミー・ジョンのようなラッキーはそうある

わけではない！」と、自身も首のけがによりアメリカンフットボールの道を断念した阪神タイガースのマット・マートン選手もトミー・ジョンの事例を紹介し、「アスリートにとってセカンドキャリアは遅かれ早かれやってくる。その日になって、野球しか私は知らない、という人生は歩んではいけない！」と警笛を鳴らしている。

　実力の評価ではなく、けがにより引退することは、アスリートにとってたいへんつらいことであるが、そうした場合に備えて、メルビン氏のようにセカンドキャリアについてしっかり考え、行動を起こす必要がある。

　プロアスリートは大学へ戻る────────────────
　引退後のセカンドキャリアに備えて、大学へ復学する現役プロアスリートは少なくない。元NBAのシャキール・オニールや元NFLのエメット・スミスなど、現役の絶頂期（双方とも所属チームが全米制覇した時期）に大学へ戻り、学位を取得している。現在NFLカロライナ・パンサーズで活躍するキャム・ニュートンも、母親との約束で大学卒業を目指し、2105年春学期はオーバーン大学に戻り、社会学の学位を取得した。この年、カロライナ・パンサーズと総額1億380万ドルの高額契約を結んだニュートンであっても、である。

　アメリカのプロスポーツは、大学を卒業せずにプロに進むケース（アーリーエントリー制度）が多く、NBAの場合は高卒後1年間、NFLでは3年間プロに進めないが、その期間を過ぎるとプロからの評価次第で、大学を卒業せずにプロに進むアーリーエントリーを選択することが一般的だ。一年でも長くプロで活躍できる期間を求める選手側と、早く有望な新人を確保したいNFL側のニーズがマッチした制度だ。よって学位を持たずに競技人生を引退することとなると、超学歴社会のアメリカの一般社会で生きていく上では大きなハンディとなる。そのためアーリーエントリーなど、卒業前にプロに進んだ選手は、引退後に備えて現役時代の早い段階から復学をすることも珍しくないのである。アメリカの大学はセメスターやクォーター制度が一般的で、年間全てのセメスターで履修したい授業を選択できることも多く、短い

プロスポーツのオフシーズンであっても、必要な授業を履修することが可能となっている。

　フロリダ大学ではNFLに進んだ選手が、毎年複数復学を果たしている。フロリダ大学のライフスキルを支援する部署の責任者であるトニー・ミーチェム氏によると、通常年1、2名の現役・元NFLプレーヤーが復学している。NFLシンシナティ・ベンガルズで活躍するカルロス・ダンラップやフィラデルフィア・イーグルスで活躍するライリー・クーパーなどがいい事例だ。2014年春には一度に5名の元フットボール選手が復学した。2011年まで5年間NFLで活躍したジャービス・モスは、引退後に復学した例だ。自身のセカンドキャリアのためだけでなく、6歳（2014年当時）になる息子に良きお手本を示すことも、父親としての役割である、とモスは語っている。

　ミーチャム氏は学生時代から学生アスリートに、「大学の門はいつでも大きく開けている。卒業前にプロへ進んでも、復学したいときは躊躇せずいつでも相談してほしい。」と伝えているそうだ。

　NFLでもアーリーエントリーなどでプロ入りする選手が引退後に備えるために、"The Player Development Program (PDP)" を1991年に立ちあげて、大学へ戻って学位を習得することを支援している。この制度は大学へ復学し単位取得する支援、インターンシップ先の企業の紹介、ライフスキル教育の提供、及び求職支援と、奨学金として年間15,000ドルを限度に支給するものである。奨学金を受け取るには、大学スポーツ同様、GPA2.0以上が必須となる。これまで9,000名以上の選手がこのPDPを利用し、引退後のセカンドキャリアに備えてきた。

　ライフスキルに関して取り上げるテーマは、まずリーグポリシーの厳守、アンガーマネジメント、人間関係構築、薬物乱用問題、ドメスティックバイオレンス問題、ギャンブル問題、そして一般社会適応能力に関するトレーニングとなっている（グリーンベイ・パッカーズの事例）。大学とプロ双方において、選手のセカンドキャリアに備える支援体制を整備し、充実させることで、選手は安心と自信を持って競技に打ち込むことができるのである。

インターンシップ支援として、選手のインターンシップ受け入れ企業には、NFL本社、NFLフィルムズといったNFL関連での研修以外に、メリルリンチ、シティーバンクといった世界的な金融機関など、選手が希望する多種多様な分野の企業がある。

PDPを利用する上で重要なことは、引退後プロフットボール選手という肩書を外し、一般社会、厳しいビジネス社会での戦いで成功するために、フットボールと同様に厳しいビジネストレーニングで、己を鍛え上げていくことである。

プロアスリートを支えるMBAコース

大学を卒業したプロアスリートで大学院への進学を希望するものも多い。しかし大学院進学には卒業時点でのGPAの成績評価が大きく影響する。また、現役のプロアスリートになると、大学院とプロスポーツの活動時期の調整もさらに難しくなる。ジョージ・ワシントン大学では、現役・元プロアスリートにSTARエグゼクティブMBA（STAR stands for Special Talent, Access and Responsibility）コース（2年間）の提供を始めた。初年度は22名の学生を迎え入れた。初回セメスター（夏期）はワシントンD.C.で10日間、次の冬セメスターではニューヨーク、最終セメスターはロスアンゼルスと、18カ月間で開催場所を移動する。初回講座ではビジネス倫理、ビジネスや一般社会、そして財務・会計における重要な視点を学ぶ。

このプログラムの特徴は、リーダーシップ、成功するための戦略、そして社会的責任に重きを置いているところだ。NFLでプレーをしている選手の多くは、大学でフットボールをしている間、学費免除が一般的であるが、STARエグゼクティブMBAの学費9万5,000ドルは、すべて自己負担による。教育機関としての厳しいスタンスのアメリカの大学では、有名人の名前に宣伝効果を当て込むような貧しい考えの学費免除は存在しない。

NFLとNBAのチアリーダーは理系女がブーム

　NFLとNBAのチアリーダーに、理系教育に対する意識が高まっている。Science Cheerleaderというチアリーダーの理系教育支援を行っている、アリゾナ州立大学のダーリン・キャバリエ教授によると、現役と元チアリーダー約300名が、STEM（Science, Technology, Engineering and Math）フィールド（分野の仕事もしくは教育）に関わっているという。キャバリエ教授自身が1990年代にNBAフィラデルフィア76ersでチアリーダーをしていた経験から、2010年にScience Cheerleaderを立ち上げた。

　2015年スーパーボウル制覇したニューイングランド・ペイトリオッツのチアリーダーは、11名がSTEMフィールドで活動している。新人チアリーダーのメラニー・サンチェスは、タフツ大学で歯科医をめざす大学生でもある。サンチェスは、「仲間のチアリーダーの多くは、チアリーダー以外のキャリアを持っている。チアリーダーを目指す少女たちは、それ以外の分野にも目を向けることが重要である。」という。チアリーダーがそれを専門職にできない事情として、その給料の低さがある。

　NFLオークランド・レイダーズのチアリーダーが得た年収は1,250ドルで、時給にすると5ドル以下である。日々の生活を維持するための経費を考えると、割に合わない金額だ。そのため2014年には90名のチアリーダーがレイダーズを相手取り、125万ドルの訴訟を起こした。

　別の事例として、ペイトリオッツのチアリーダー、ケリー・ベニオンは認知神経科学の博士号を目指している。チアリーダーの経験で科学分野に活かすことができるものとして、メディアトレーニングがあるという。このトレーニングは科学研究のプレゼンテーションを行う際、特に大勢の聴講者がいるようなセミナーでたいへん有効に機能している。

プロ新人も入団数日で解雇される

　NFLでは入団して数日後に解雇されることは珍しくない。例えば2013年4月28日ニューオーリンズ・セインツに、ドラフト外のフリーエージェン

ト入団したチェース・トーマスの場合、8月19日に自由契約、翌20日にオークランド・レイダーズと契約、31日に再び自由契約、9月17日にアトランタ・ファルコンズと練習選手契約、翌年1月7日にグリーンベイ・パッカーズとリザーブ要員として契約、5月12日に自由契約、5月27日にサンフランシスコ・49ersと契約、たった1年間で5つのチーム、NFC所属の25%のチームを渡り歩いたことになる。

　スタンフォード大学でコミュニケーション学を学んだトーマスは、もし今後プロアメリカンフットボールのチームで成功できない場合は、将来不動産ビジネスに進みたいと考えている。「パッカーズから解雇された段階で、私はエージェントと相談し、もし他のチームからのオファーが無い場合は、引退を考えた方がいいと判断した。49ersからの電話があったので、もうしばらくフットボールを続けるが、プロアメリカンフットボールで成功できるものは限られている。自分がその中に入れる保証はない。いつアメリカンフットボールの世界から離れて生きていくことになっても良いように、それで私はスタンフォード大学を選んだのだ」。

日本人アスリートによるアメリカの大学留学

　近年日本人がアメリカの大学でスポーツに参加する事例が増えている。男子サッカーで2013年シーズン全米準優勝したメリーランド大学（イギリス・タイムズ誌2014-15年大学世界ランキング132位）には遠藤翼が所属している。彼は、GPA3.0以上が基準となっているリーグアカデミック優秀賞を受賞している。ジョージワシントン大学（イギリス・タイムズ誌2014-15年大学世界ランキング200位）には、大学バスケットボールNCAAの一部リーグで、日本で生まれ育った日本人で初の奨学金を獲得した（NCAA発表）渡辺雄太がいる。アメリカ国籍だが、日本の高校でプレーをした高田ジェームスも、2015年からユタ大学（イギリス・タイムズ誌2014-15年大学世界ランキング162位）のアメリカンフットボールチームに参加する。いずれもイギリスタイムズ誌の大学世界ランキングで200位以内の大学であり、スポーツの強豪校であり、

文武両道を実践している。渡辺雄太は初年度最初の学期でGPA3.83を記録している。

過去には南カリフォルニア大学（イギリス・タイムズ誌2014-15年大学ランキング75位）野球チームに所属し、2010年の日本のプロ野球ドラフト会議でロッテマリーンズから6位指名を受けた藤谷周平、フロリダ大学（イギリス・タイムズ誌2014-15年大学世界ランキング126位）ゴルフチームに所属し、ゴルフ競技と学業双方でオールアメリカン（前米最優秀表彰）を獲得した東尾理子などがいる。

海外留学生はアメリカ国民と違って、国のさまざまな制約がある。例えば、アメリカンフットボールの場合、通常8月上旬から練習が始まり、9月に公式戦の開幕を迎える。アメリカの大学の新学期は9月後半だが、新一年生は夏のキャンプ（8月上旬開始）初日から参加が許される。しかしアメリカ合衆国の修学ビザによると、海外留学生は新学期の30日以上前からの参加は許可されていない。スポーツ留学を考える場合には、NCAAの規約以外に国によるビザの制約なども十分認識しておく必要がある。

ジョージ・ワシントン大学バスケットボールチームで活躍する渡邊雄太は、大学の夏休み期間を利用して、リオデジャネイロオリンピック予選に向けたバスケットボール日本代表の強化合宿（第一次合宿6月15日～22日、第二次合宿6月26～7月2日）に参加した。第三次(7月9日～)以降の合宿とリオデジャネイロオリンピックアジア予選を兼ねた第28回FIBA ASIAバスケットボール男子選手権大会には参加できない。同時期にはジョージ・ワシントン大学のサマースクールの授業があり、秋に始まる大学バスケットボールの本番に出場するには、ここで既定の単位を修得する必要があるからだ。アメリカの大学スポーツが最優先すべきは学業であることを裏付ける行動でもある。長谷川健志日本代表ヘッドコーチも、「アメリカの大学はしっかり単位を取らなければ、シーズン中にプレイすることさえできなくなってしまうため、これは致し方ありません。」とコメントしている。日本のスポーツ界も大学以下教育機関より選手を日本代表に召集するなら、授業に配慮することも今後は検討するべきであろう。

第 2 章

スポーツビジネス

——大学スポーツにおける収支の委細と経済効果——

1　プロスポーツとの比較から見える大学スポーツの経済力

　第1章ではアメリカの大学スポーツのいきとどいたサポート体制と、それらを支えるには潤沢な資金が必要になることについて触れたが、この章ではさらにその中身について掘り下げてみたい。

アメリカ大学スポーツの前提

　第1章でも紹介したように、アメリカの大学スポーツではオレゴン大学を筆頭に、2014年度は20の州立大学で1億ドルを超える収入があり（4頁参照）、27もの大学がスポーツで9,000万ドル以上の収入を得ていた。
　学生アスリートはプレーすることで収入を得ない、あくまでもアマチュアではあるが、大学で学び、スポーツをするための環境やその他のサービスが無償で提供されることを考えると、それは学生本人にとっては大きな収入に値するわけである。教育面では、世界的に評価の高い大学の最先端教育や一般学生は受けることのできない個別指導を、学生アスリートは特別に受けることができる。スポーツ面では、プロスポーツレベルのコーチ陣（年俸100万ドル以上）がそろい、使用する施設や用具は世界最高水準のものが提供される。もしそれら施設を自己負担で使用するなら、1人年間数千ドル以上必要になるレベルのものだ。また、専任の栄養士やアスリート専属の食堂、充実した医療サービスなど、さまざまな福利厚生も用意されている。
　1大学500名以上の学生アスリートへこれらのサービスを提供していくには、莫大な予算が必要になる。その財源として、大学の体育局は自力で収入を得ていくことが求められるのである。日本の大学の多くは、大学本体の収入から配分されることが一般的だ。スポーツだけで自立しているケースはまずない。
　スポーツの独占禁止法の専門家でもあるニューヨーク市立大学のマルク・

エデルマン准教授によると、アメリカにおいて大学スポーツによって得られる収入は、プロのリーグであるNBAとNHLの総収益を上回っているという。大学単体で見ると、2013年度収益4位のアラバマ大学が、プロならNHL全30チームではトップ、NBAにおいても全30チーム中ベスト5に入る。

大学スポーツの収入源

　収入源で特に大きなものは興業に絡むものである。なかでも試合のチケット収入とテレビ放映権料が、最も大きなウェイトを占めている。NCAA年間（2012年度）の収入は106億ドルで、そのうち試合のチケット収入は全収入の50％を超える56億ドルであった。NCAAが得た収入からDiv.1に53％、Div.2へ4％、Div.3へ3％ずつ分配されている。

　種目別にみると、多くはアメリカンフットボールや男子バスケットボールなど人気スポーツに集中している。たとえば3月に行われる男子バスケットボールの全米選手権決勝トーナメントの注目度は高く、「March Madness（3月の狂気）」と呼ばれるくらい、全米が熱狂する。NCAAが3大ネットワークCBSやケーブルテレビ局ターナーブロードキャスティングと結んだテレビ放映権料が、2011年から14年間で総額108億ドルになっている。またもう1つの看板スポーツのアメリカンフットボールでは、2014年からは公式リーグ戦後に行われるポストシーズンのボウルゲームが全米ナンバーワンを決めるプレーオフ制度（ランキング上位4校によるトーナメント）となり、その主要7試合（ローズボウル、シュガーボウル、オレンジボウル、コットンボウル、フィエスタボウル、ピーチボウル、全米王座決定戦）に対しESPN（アメリカのスポーツチャンネル）は、12年間で総額73億ドル（年間6億100万ドル）でテレビ放映権を契約している。

　2013年までの全米王座決定戦を含む全米ランキング上位が激突するBowl Championship Series（BCS）では、主要5試合（ローズボウル、シュガーボウル、オレンジボウル、フィエスタボウル、全米王座決定戦）についてESPNが結んだ放映権は、4年間で20億ドル（年間約4億9,500万ドル）であったので、新た

な契約では大幅な長期契約を結んだことになる。

なお、これまでBCSに参加した大学への分配金は1,700万ドルで、全米王座決定戦では1,800万ドルだった。ただし、ボウルゲームに参加した大学は、その全額を受け取れるのではなく、いったん所属するカンファレンス（リーグ）を経由し、その後にリーグ加盟大学すべてに分配されることになる。

NFLの場合、CBSとアメリカンフットボールカンファレンスゲーム（以後AFCと表記）の中継で10億8,000万ドル（前契約6億1,980万ドル）、NBCと日曜日のナイター中継（Sunday Night Football）で10億5,000万ドル（前契約6億300万ドル）、FOXとナショナルフットボールカンファレンス（以後NFCと表記）の中継で11億5,000万ドル（前契約7億2,030万ドル）、ESPNと月曜日のナイター中継（Monday Night Football）で19億ドル（前契約11億ドル）の契約を結んでいる。各テレビ局と結んでいる年間テレビ放映契約は合計で約50億ドルで、他のメディア契約を合わせると約72億ドルになる。NFL各チームには開幕前に2億2,640万ドルずつ分配される。

ジョージア工科大学の事例

大学スポーツの収支について、大学単体の年間収入と支出の内訳を見てみよう。

ジョージア工科大学が管轄するスポーツ組織は、ジョージア工科大学体育協会（The Georgia Tech Athletic Association）という非営利団体により運営されている。体育局には男女17のスポーツチームが所属し、運営のために教務課、総合運営業務、営業部門、NCAA法務部門、開発部門、マーケティング部門、広報部門、スポーツ医療部門、チケット販売部門、そしてトータルパーソンプログラム部門が設置されている。体育局の2011年の収入は5,032万1,033ドルで、その内訳は試合のチケットの売り上げ、アトランティックコーストカンファレンス（所属するリーグ）からの分配金、寄付、イベントでの収入、その他となっている。支出は4,926万6,404ドルあり、その内訳は体育局職員給与（コーチも含む）、施設管理やスポーツ運営費、一般管理費、

減価償却費などである。

　スポーツ別チケットの売り上げは、アメリカンフットボールが最も多く753万4,680ドルで、以下男女バスケットボール、野球、バレーボールとなっている。

　リーグ分配金は前年にリーグに所属する12大学から集まったものからなり、リーグ運営経費や予算で決められた必要経費を除き、12等分される。分配金の内訳はテレビやラジオ放映料、ポストシーズンゲーム出場の分配金、スポンサー収入などである。テレビ放映料が高騰しているので、その分収入増となるが、ポストシーズンゲーム出場校の数や、各試合ごとに割り当てられた金額により、減収となる場合もある（リーグからジョージア工科大学へ支払われた年別の金額は、2011年の分配金1,195万7,230ドル、2010年の分配金1,240万512ドル、2009年の分配金1,189万1,076ドル）。たとえばアメリカンフットボールの場合、2011年はインディペンデンスボウル出場による分配金が110万ドルで、2010年にオレンジボウルに出場した際の分配金160万ドルより50万ドル少なくなっている。また2010年にはアメリカンフットボールチームのチャンピオンシップゲーム出場の配当金は26万6,000ドル多く支払われている。

　2011年の寄付金が前年に比べ286万5,576ドル増加している。その要因は体育局長のイニシアティブにより、積極的な募金活動を展開したことにあり、新規施設建設のキャンペーンも含まれている。

　イベント収入の主な内訳であるプレミアムリース料は、アメリカンフットボールとバスケットボールのホームゲームにおける、特別席へのアップグレードなどの費用である。2011年のアメリカンフットボールでは、伝統校やライバル校とのホームゲームでの対戦でアップグレード数が減り、男子バスケットボールの低迷も影響し、前年より27万1,324ドルの減収となった。その年の国民の経済状況にも左右されるものと考える。

　スポンサー料は施設の広告関連によるもので、特許関連はイベントを第三者が商用利用する際に支払われるものである。

2011年度ジョージア大学の体育局の主な収入（ドル）

チケットの売り上げ	9,690,737
アトランティックコーストカンファレンスからの分配金	11,957,231
寄付	6,514,242
イベントでの収入	14,420,116
その他	7,738,707
合計	50,321,033

2011年度ジョージア大学の体育局の主な支出（ドル）

職員給与と福利厚生	18,938,474
スポーツ運営と施設管理	19,427,283
一般管理費	5,558,717
減価償却	5,341,926
合計	49,266,400

ギャランティ料は、主に遠征してアウェーで試合する際に対戦するホーム校から支払われるもので、ホームゲームではアウェーとなる対戦校に支払うことになる。リーグ戦は通常1年おきに遠征を繰り返すので、大学間で相殺する意味合いがあるが、その年だけ遠征してリーグ以外の大学と対戦する場合など、相殺とならないケースもある。

2011年度支出でもっとも大きな割合を占めている職員給与と福利厚生については、特に新しいコーチの雇用における新規契約や、現所属コーチの業績が好成績でインセンティブが派生することなどによって、給与の支出が増加する。

施設の運営管理の支出では奨学金が最も多く728万9,699ドルで、前年に比べ37万9,724ドル減少しているが、これは全額免除の奨学金の選手枠をすべて埋めなかったチームがあるためである。

公式戦遠征費が358万6,069ドルで、前年に比べ58万4,283ドル減った。要因は遠征して対戦する相手校のある町などによって、交通費や滞在費に差が生まれることにある。また2011年度はアメリカンフットボールチームがリーグ優勝決定戦へ進まなかった一方、ポストシーズンのボウルゲームに出

2011年度ジョージア大学の競技別収入額（ドル）

アメリカンフットボール	7,534,680
男子バスケットボール	1,832,077
女子バスケットボール	71,507
野球	237,299
バレーボール	15,174
合計	9,690,737

場したことで支出に差が生じた。特にポストシーズンゲームは遠征先での滞在期間が長くなるので、そこでの費用の差も支出の差に表れてくる（2011年のインディペンデントボウルはルイジアナ州シュリーブポート市、2010年のオレンジボウルはフロリダ州マイアミ市郊外のマイアミガーデンズ市）。

　イベント関連費はホームゲーム運営にかかる費用である。リクルーティング費は、コーチが高校生を勧誘する際の全米各地への旅費や、高校生を大学へ公式招待する際の費用（交通費、宿泊費、その他娯楽）に充てられる。リクルート費が年によって上下するのは、その年に埋めるべきスポーツ奨学金枠の数によって、訪問すべき高校生の数も増減するためである。2011年にリクルート費が前年に比べ47万8,578ドル増加したのは、アメリカンフットボールチームの埋めるべきスポーツ奨学金枠が、2010年は大幅に少なかったこと、2011年には逆に埋めるべきスポーツ奨学金枠が大幅に増えたためである。

　光熱費は前年に比べ14万6,252ドル削減することができた。これはジョージア工科大学の最先端技術を活用したからである。スポーツ用具費は選手が練習や試合で使用するユニホームや用具、コーチやスタッフが使用する衣類などに充てられる。2011年は取り扱いメーカーの変更で新たな発注をすることになり支出増となった半面、特別席の販売やポストシーズンゲームでの支出差で、トータルでは大幅な経費削減となった。

　ジョージア工科大学は大学スポーツ運営で毎年安定した収入が得られるようになったが、2012年年間予算が5,890万ドル規模の大学スポーツを運営するまでには、体育会運営基盤の整備が必要だった。1980年にホーマー・ライス氏が就任した直後、当時の体育会年間予算は210万ドルで、最終的にそ

2011年度ジョージア大学の体育局のイベント収入の内訳（ドル）

プレミアムリース料	8,080,361
ラジオ放送権	3,981,548
スポンサー料	1,148,000
特許	466,484
ライセンス料	142,223
ギャランティ - アメリカンフットボール	450,000
ギャランティ - バスケットボール	150,000
ギャランティ - その他の競技	1,500
合計	14,420,116

2011年度ジョージア大学のスポーツ運営と施設管理費の内訳（ドル）

奨学金	7,289,669
遠征対戦相手分配金	900,945
遠征費	3,586,059
イベント・その他	2,545,863
リクルート費	1,503,299
光熱費	1,354,691
運営、保守メンテナンス	1,679,812
スポーツ用具	566,945
合計	19,427,283

の年は35万4,000ドルの赤字だった。堅実な体育局運営のもと、2年後には早くも予算規模が500万ドルを超え、30年の時を経て28倍もの予算規模の組織になったのである。

2 大学スポーツの経済効果

スポーツが地域経済になにをもたらすか――――――――

スポーツはプロ・アマを問わず、さまざまな分野にその経済効果がある。プロの選手であれば本人や所属の団体のイベントはもちろんだが、大学であっても使用する用具の供給元、有給のコーチやサポートスタッフ（トレー

ナーや医師)、会場となる施設の運営、会場への交通機関、チケット販売にかかる経費、メディア関係、会場での飲食など、さまざまなところでスポーツに関連してビジネスは起こっているのである。

　2011年に起こった東日本大震災の際、プロ、アマを問わずスポーツ界、また芸能界においても、自粛をするケースが多く聞かれた。大災害の際にスポーツを楽しむというのは不謹慎だという判断があった。スポーツに限らず、他業種も含め国をあげて自粛をした。しかしどこかのタイミングでは通常業務に戻る必要がある。それはプロ、アマを問わず、その業界に関係する仕事が存在し、それによって生計を立てている人々が多くいるからである。大震災発生直後、スポーツ界から聞こえてきた言葉は、「スポーツなんかしている場合ではない！」という言葉である。日本ではまだまだ、スポーツは遊びであり仕事として扱われていない、という位置付けにあるのかもしれない。しかし、世界に目を向ければ、スポーツは大きなビジネスチャンスであり、地域経済にとって大きな牽引力となる存在となってきている。

経済効果の具体例

　ワシントン大学を事例にすると、大学の体育局運営によってワシントン州内で2,558人の雇用を生み出し、年間2億1,100万ドルの経済効果がもたらされ、この雇用2,558人の年間の給与収入8,300万ドルの給与収入につながっている。ワシントン大学のスポーツからなるビジネスによって、年間1,250万ドル (830万ドルは州税、430万ドルはキング郡税) が納税されている。これらの経済効果が生まれているのは、ワシントン大学の運営する試合などのイベントへの企業の参加によるところが大きい。

　ワシントン大学体育局の2007年の年間収入は6,000万ドルだが、200名のフルタイム雇用と300名のパートタイム雇用があり、2,340万ドルは人件費に充てられている。これらの人件費は基本的に地域の雇用につながっている。人件費以外の支出として3,360万ドルが物品購入やサービス利用に使用されており、その多くは州内の企業とのビジネスによる (2,300万ドル) もので、いっ

てみれば地産地消による州内の経済効果に貢献している。州以外への支払いは、遠征してくる対戦校へのギャランティ費、遠征費、スポーツ用品費、その他の物品購入となる。

　観客がワシントン大学のスポーツの試合で消費する金額は年間で5,200万ドルで、2,240万ドルはチケット費にあてられている。キング郡をはじめシアトル近郊から来る観客が77％、13％はワシントン州内、10％が州外からの観客となる。シアトル近郊の観客が試合で消費するものは、交通費や試合前後などの飲食もあるが、チケットが最も高い消費になる。他方、州外からの観客にとっては、飛行機などの移動費がスポーツの試合観戦に直接関係する費用（チケットや飲食）よりも高くなることがある。統計によるとシアトル近郊のファン1人当たりの1試合における出費は、チケット以外のもので25.18ドルで、その他のワシントン州内のファンが消費するチケット以外の費用は39.68ドル、州外の観客が消費するチケット以外の費用は、137.79ドルであった。州外からの観客は対戦相手の関係者が多く、また、日帰りよりも宿泊を伴う場合が多い。

　ワシントン大学のアメリカンフットボールの試合にシアトル近郊から訪れる観客、他の州内からの観客、そして州外からの観客それぞれが試合観戦の際に支出する総額は次頁のとおりである。

　その他の経済効果として、遠征してくる対戦相手、審判団、そしてメディア関係者によるものがある。

　経済的に最も恩恵を受ける業界はサービス業で、ワシントン大学関係者や観客が直接消費する。業種をみると、小売業、教育サービス、健康・医療サービス、芸術、エンターテイメント、娯楽サービス、飲食、そして市や州行政である。経済効果としては、高収入の常勤雇用の大学体育局職員による消費や、長距離移動の州外の観客による消費など、複合的な要素が考えられる。また遠征してくるチームやメディア関係者の消費の影響も少なくない。

　ワシントン大学体育局の州内における主な支出として、スポーツ施設のメンテナンスや各種サービス、医療費や遠征費用などがある。州外への支出は、

ワシントン大学のスポーツの試合で観客が支出する地域別比較表

	シアトル近郊	他の州内	州外
駐車場代	10.42%	5.17%	1.69%
バス、フェリー、タクシー	1.33%	3.93%	0.94%
車での移動費	10.29%	10.18%	8.22%
試合前と試合後の飲食費	38.74%	26.49%	13.50%
試合中の飲食費	11.40%	7.86%	3.57%
土産・ギフト	12.68%	14.35%	8.31%
イベント	3.85%	5.01%	4.98%
宿泊費	1.38%	16.38%	22.76%
航空運賃	3.70%	5.63%	32.18%
ベビーシッター	1.79%	1.08%	0.34%
その他	4.41%	3.95%	3.50%
合計	100.00%	100.03%	100.00%
平均支出額	25.18ドル	39.68ドル	137.79ドル

ワシントン大学のアメリカンフットボールの試合観客が支出する総額（百万ドル）

	シアトル近郊	他の州内
駐車場代	1.18	0.17
バス、フェリー、タクシー	0.151	0.132
車での移動費	1.165	0.341
試合前と試合後の飲食費	4.384	0.888
試合中の飲食費	1.29	0.264
土産・ギフト	1.435	0.481
イベント	0.435	0.168
宿泊費	0.156	0.549
航空運賃	0.418	0.189
ベビーシッター	0.202	0.036
その他	0.499	0.133
合計	10.88	3.42

対戦相手の遠征分配金、用具費などが主なものである。

　アメリカンフットボールの試合における近郊、その他の州内、そして州外の観客の比率は、74％、13％、13％、アメリカンフットボール以外の観客ではさらに地元からの集客比が高く、近郊が82.4％、その他の州内は12.2％、

第2章　スポーツビジネス●──65

州外は5.3％であった。

　フットボールの試合に限って見てみるとフロリダ大学の事例では、7試合のホームゲームで1試合の平均収入が240万ドル、テレビ放映料が900万ドルになっている。それ以外に特別席などの高額収入が1,200万ドル近くあり、寄付なども1,500万ドルにものぼる。また全国大会などの出場で得る資金などもあり、年間6,400万ドルがフットボール単体での収入になっている。

　毎年NFLの頂点を決めるスーパーボウルの時期（2月上旬）になると、30秒のコマーシャルがいくらかが話題になる。2014年スーパーボウルの30秒のコマーシャルの価格は400万ドルだった。2015年は30秒で450万ドルと、コマーシャルの価格でも過去最高額となった。海外の企業の広告も多く、日系では日産やトヨタなど、自動車産業が名を連ねている。

　広告料が高騰し続ける大きな要因は、2015年スーパーボウルでは視聴率がスーパーボウル史上最高の49.7％を記録し、2010年以降は視聴率45％以上、1991年から視聴率40％以上を続けており、依然として高視聴率の取れる1大イベントだということになる。平均視聴者数は1億1,440万人と、前年より220万人増となった。フットボールの試合だけでなく、ハーフタイムショーも単なる息抜きではない。ケティー・ペリーが出演した2015年スーパーボウルのハーフタイムショーのテレビ視聴者数は、試合の1億1,440万人を上回る1億1,850万人と、こちらも前年より300万人増となった。

　テレビ放映で視聴者が大きな費用を負担することはないが、全米小売業連盟の調査によると、スーパーボウルを観戦する際、食材費やチームグッズに一人当たり平均68.27ドル費やし、国内消費としては123億ドルがスーパーボウル1試合で消費されることになるという。スタジアムでライブ観戦するとなると、2014年スーパーボウルではスタジアムの50ヤード（中央）付近のチケットは1万ドル、20オンスのビールは14ドルと、何から何までスーパーなスポーツイベントである。

ポストシーズンゲームの収支から見える経済効果

大学スポーツにおいて1試合で最も大きな収支が期待できるものは、アメリカンフットボールのポストシーズンゲームである。フロリダ大学の事例を見ると、2010年1月のシュガーボウル出場で、BCSゲームに出場するチームはSoutheastern Conference（所属リーグ。以下SECで表記）から旅行支援金として、182万5,000ドルを受け取ることになっている。しかしフロリダ大学はこの試合の総予算として、BCSで得られる金額からさらに55万ドル必要となった。その内訳として主なものは、フロリダ大学の選手やコーチングスタッフ以下、大学関係者（教職員のほか応援のマーチングバンドやチアリーダー）などの、開催地ルイジアナ州ニューオーリンズまでの移動に使う2機のチャーター機による移動費と宿泊するニューオーリンズリバーフロントヒルトンホテルでの宿泊費や食事代32万ドル、またコーチや他のスタッフのインセンティブ・ボーナス92万7,223ドルなどであり、総額247万7,000ドルの予算を計上した（この予算の中には、コーチや教職員の家族だけでなく、学生結婚をしている選手の家族の滞在費も含まれる）。実際シュガーボウル参加にかかった経費は総額264万7,892ドルで、チームの総旅費（チャーター航空機とホテル宿泊、および食事など）が73万1,561ドル、シュガーボウル出場の人件費と福利厚生は95万4,108ドルであった。

同じ年にフロリダ大学と同じSEC所属で全米制覇したアラバマ大学は、総額429万6,631ドルを支出している。その内訳は、857名が試合開催地パサディナ市に向かうための遠征、チャーター機などの使用で121万9,455ドル、宿泊費や食事代で104万102ドル、滞在中の娯楽費（現地観光など）が12万6,784ドル、用具や滞在中の諸経費を含むその他の支出は113万132ドルであった。アラバマ大学がリーグから受け取った遠征支援金はフロリダ大学より多い192万5,000ドルであった。またSECはフロリダ大学とアラバマ大学がBCSゲームに参加したことで、総額3,440万ドルを受け取り、両チームの遠征費補助を差し引いた3,065万ドルを加盟する全15大学に204万ドルずつ均等に配分した。

宿泊先ホテルに臨時スポーツニュートリションセンタを開設し、2013年オレンジボウル試合前のフットボール選手の栄養補給をサポートするジョージア工科大学

遠征試合に出発するワシントン大学フットボールチーム　チームバスはチャーター機に横付けし、直接搭乗するフットボール選手

2010年シュガーボウルでフロリダ大学が1週間宿泊したニューオーリンズリバーフロントヒルトンホテル

2009年フロリダ大学フットボールチームの年間収入（ドル）

ホームゲーム	
アーカンソー大学	2,365,600.00
テネシー大学	2,586,182.00
ヴァンダービルト大学	2,350,162.00
フロリダ州立大学	2,523,240.00
トロイ大学	2,314,012.00
チャールストン・サザン大学	2,322,270.00
フロリダ国際大学	2,353,662.00
小計	16,815,128.00
ジョージア大学	1,888,224.00
税	△1,294,805.00
ホームゲーム小計	17,408,547.00
その他の収入	
SECテレビ放映料	9,098,162.00
Secボウルゲーム分配金	2,208,661.00
SECその他の分配金	801,992.00
SECチャンピオンシップ分配金	1,211,858.00
チケットに付加する寄付金	15,029,567.00
特別室使用料1	3,434,004.00
特別室使用料2	900,000.00
特別席	11,825,723.00
寄付金	9,502.00
コーチ研修	8,820.00
春の紅白戦	82,935.00
他の収入の小計	44,611,224.00
ボウルゲームの収入	1,931,800.00
合　計	63,951,571.00

試合前はホームチームもホテルに宿泊する。

遠征の移動で空港への高速道路も白バイが車線規制をかける。

またフロリダ大学とアラバマ大学が対戦したSECリーグチャンピオンシップゲームで、フロリダ大学が支払った経費は総額40万1,184ドルで、開催地アトランタまでの往復と宿泊にかかったチームの遠征費（チャーター機と宿泊および食事）は17万8,139ドル、リーグチャンピオンシップ出場にかかる人件費及び福利厚生費は35万1,984ドルであった。

第2章　スポーツビジネス●——69

フロリダ大学のアメフトチーム単体での収入を見てみよう。2009年シーズン公式戦（リーグ戦を含む）12試合に、リーグチャンピオンシップゲームそしてシュガーボウルを加えた合計14試合での収入の一覧である。

テレビ放映料の裏に何があるか

　プロスポーツ、そして大学スポーツとも、その収入源の大きなウェイトをテレビ放映料が占めている。NFLが毎回放映料を上げていけるのも、その人気の高さがあるからであるが、スーパーボウルの事例でも明らかなように、放映料を支払うテレビ局は、番組スポンサーから多額のスポンサー料を得ることで、この仕組みが成り立っている。野球なら9回表裏の各イニング交代時に、コマーシャルを入れることができるので、その回数もある程度計算できるし、投手交代などのインターバルにも、コマーシャルを入れることができるだろう。しかしバスケットボールやアメリカンフットボールでは、次のインターバルまで最低15分はかかり、さらにプレーの中断によって時間が止まるので、実際には倍の30分くらいコマーシャルを入れる機会がない。その機会があるとしても、取るかどうかもわからないチームタイムアウトくらいになる。そのため、いわば強制的に一定回数のコマーシャルタイムアウトを入れ、コマーシャル回数を稼いでいるのである。
　しかし、通常のコマーシャルのみでは、高額なテレビ放映料に見合う番組制作は難しい。テレビコマーシャル以外で、テレビスポーツ中継の企業スポンサーをいかに獲得するかが重要になる。
　通常のコマーシャル以外でどのようなものを企業に提供できるのか。たとえば野球なら、画面に映し続ける得点やボールカウントのテロップに企業広告やスポンサー名を追加するほか、試合開始直前の先発メンバー紹介でスコアーボードを映移すのではなく、画面に写真入りで紹介し、メンバー紹介の画面だけのスポーンサー、攻撃の選手がバッターボックスに入る際、その日の成績やシーズンの成績をテロップで紹介する際も、それぞれに広告（企業名やブランド名など）を追加する。試合の展望と題した『Game Solution』と

いったコーナーのスポンサーなど、ネーミングライツ同様、スポーツ番組内の各種情報提供の部分を切り売りする形で、広告スポンサーを募るのである。また、ハーフタイムなど長いインターバルには、他球場の途中経過情報も、別スポンサーによるコーナーを設けるといいだろう。アナログ放送の時代は、テロップなどの形でしか提供することができなかったが、デジタル放送化されたことによって、番組に連動したデータ放送が可能となったので、より高度な情報提供が可能となっている。

日本でスポーツ中継の時間枠を延長することは、これまで一般的ではなく、スポーツ中継を試合途中で終了することも多かった。しかしデジタル放送では、サブチャンネルに切り換えて試合中継を延長することができるようになっている。これにより試合終了まで中継を継続することが可能となる。また試合を中継するだけでなく、試合前と試合終了後に地元チーム向けの試合関連番組を別枠で放送することも可能となる。もちろんテレビ中継を見る視聴者がいるという前提での話である。これまでのように試合中継のコマーシャルスポンサーだけでなく、付帯的なものもいかに商材としていけるのかを考慮することが、テレビ放映料を獲得し、さらなる増額を目指す上で重要となる。

海外需要の開拓

アメリカのプロスポーツやヨーロッパサッカーなど、海外のプロスポーツで多額の移籍金が飛び交う背景には、高額なテレビ放映料などを背景に、経済力をつけたリーグの組織的な戦略がある。そして選手の国際化も重要な戦略になる。それはスポーツの競技力強化だけでなく、海外選手を呼び込むことでその国でのテレビ放映や、実際現地への観光を兼ねた観戦ツアーによる経済的な効果が期待できるからだ。

事実、実際日本から海外へ移籍するプロアスリートが増え、日本のテレビ番組でも日本人アスリートが出場するMLBやヨーロッパサッカーを放映することも増えている。NBAやNFL、またアメリカの大学スポーツの放送も

行われている。そして実際、スポーツ観戦を兼ねて現地を訪れる観光客が増えれば、そのスポーツの関係やテレビ局だけでなく、地域経済にも大きな好影響が出てくる。地域経済がよくなれば、スポーツにかかわるあらゆる産業にも波及してくる。このスポーツツーリズムに関する内容は、次の節で詳しく取り上げることにする。

たった1人の日本人アスリートに、総額1億ドルの高額契約を結んでも、長く活躍してくれれば最終的にその投資はさほど大きなものではなくなるのである。

メジャーリーガーの高額年俸のからくり

田中将大投手がニューヨーク・ヤンキースと、7年間で総額1億5,500万ドルの契約をしたことが話題となったが、2014年メジャーリーグのマイアミ・マーリンズはジャンカルロ・スタントン外野手と、13年で総額3億2,500万ドルの高額年俸契約を結んだ。日本ではまずあり会えない数字の金額である。これまでアメリカのスポーツで飛び交うお金の額を見てきたが、選手にかける金額も半端ではない。なぜこのようなことが実現できるのだろう。

大きな要因の一つがテレビ放映料であることは、NFLの事例ですでに述べたとおりだ。MLBもその例外ではなく、テレビ放映料はアメリカのプロスポーツやカレッジスポーツで、大きなウエイトを占めている。ここで注目すべきは、MLB、NFL、そしてNBAの3大メジャースポーツが、日本でもテレビ放映されているということだ。つまりプロリーグを通じてチームに支払われる高額なテレビ放映料の一部は、我々が日本で目にするこれらのスポーツ中継からも、当然のことながら支払われているということになる。つまり日本人選手が活躍すれば、それだけ日本での価値が上がるわけだから、アメリカのテレビ局が日本に配信する際要求する金額も大きくなると考えるべきであろう。となると日本人選手が高額年俸を得るということは、それはすべてアメリカ国内から頂くのではなく、日本からの資金も当然含まれているということになるのである。外国人選手に高い額の年俸を払うなら、その

2014年シアトル・マリナーズの高額年俸者ベスト10のリスト（ドル）

名前	年棒額
フェリックス・ヘルナンデス	24,857,142
ロビンソン・カノ	24,000,000
ネルソン・クルーズ	14,250,000
オースティン・ジャクソン	7,700,000
岩隈久志	7,000,000
フェルナンド・ロドニー	7,000,000
JA・ハップ	6,700,000
セス・スミス	6,000,000
カイル・シーガー	4,500,000
ウィリー・ブルームクイスト	3,000,000

分をその出身国にテレビ中継という商品を売ることで、元を少しでも取り返すことが重要になるわけだ。

　こうした戦略をとるためには日本のプロ野球のように、チーム単位でテレビ放映の契約をするのではなく、リーグが海外戦略をテレビ局と一緒に行い、少しでもその価値を高めることが重要になっていくだろう。メジャーリーグで活躍する日本人選手の評価は高く、WBC（ワールド・ベースボール・クラシック）2度制覇の実力は、本場アメリカをはじめ海外の競合国とそん色はないはずだ。もっとその価値を海外、特に日本で活躍する外国人選手の出身国へ、テレビ放映ビジネスなどとして展開していくことは、今後重要となっていくだろう。

フェニックス大学スタジアムの経済効果

　2006年、アリゾナ州のフェニックスにアメリカンフットボール専用スタジアムのフェニックス大学スタジアム（63,400人収容、最大で72,200人まで収容可能）が完成した。これまで述べてきたようにアメリカの大学スポーツ、特にアメリカンフットボールは集客力、テレビ放映での視聴率など、アメリカでもっとも人気のあるスポーツ競技である。地域によってプロをしのぐ人気を持つ大学もあり、大学で6万人を超える巨大なスタジアムを保有すること

も珍しいことではない。しかし、このフェニックス大学はオンライン、つまり通信教育の大学で、通常の大学のようなキャンパスもなければ、学生がスポーツをすることもないのである。つまりスタジアムの名前はネーミングライツである。このフェニックス大学スタジアムは、NFLのアリゾナ・カージナルスの本拠地として使用され、大学アメリカンフットボールの4大大会の一つフィエスタボウルの会場として使用されている。

　建設費は4億5,500万ドルで、その内の3億40万ドルはアリゾナ州スポーツ観光局が出資した。フェニックス大学の親会社のアポログループは年間6億5,500万～3億7,600万ドルの宣伝広告費を支出しており、フェニックス大学のインターネット広告もその価値を高く評価している。そのためフェニックス大学はスタジアムのネーミングライツとして、20年間で総額1億5,450万ドルの契約を結んでいる。このスタジアム建設には、地元で3,500人の雇用と、4億ドルの経済効果をもたらしたほか、アリゾナ・カージナルスの試合（公式戦年間8試合）で1億5,000万ドルの経済効果、フィエスタボウルではたった1試合で1億4,000万ドルの経済効果をもたらしている。また試合においては、2,500人（チーム関係者、施設管理、警備関係、飲食・売店サービス、清掃業務）の雇用が必要になる。

　このように、スタジアム建設には、その建設が明確な経済効果や雇用に直結し、スタジアムを長期的に維持管理できる裏付けが必要になってくる。

フェニックス大学のネーミングライツから見えてくるものとは

　フェニックス大学スタジアムのように、企業のネーミングライツだけでなく、大学もネーミングライツとして資金獲得に貢献できる事例が出てきた。日本でも宣伝広告として、プロ野球を中心に球場の広告に大学名がよく見受けられるが、球場そのもののネーミングライツは見当たらない。東京オリンピック会場建設では、企業だけでなく、国内外の大学にもネーミングライツの案内をしてみてもいいかもしれない。プロスポーツの球団フランチャイズとして使われるとなれば、維持していく上で大きな収入が期待できる。また

大学スポーツにおいても、ネーミングライツを持つ大学のスポーツの公式戦で使用することは、選手のモチベーションアップにもつながるだけでなく、万単位の学生数を誇る大学なら、学生でスタンドの大部分を埋めることも可能で、一般学生も環境の良い施設、それも自分の大学名が入った施設であれば、応援にも熱が入ると言えよう。日本は今後少子化で、海外からの留学生を呼び込んでいくことが必要となる。オリンピックで使用されるとなれば、大会期間中世界中に大学名を発信する良い機会ともなり、その後も国際基準のスポーツイベントが行われれば、投資対効果も十分あると考えられる。アメリカの大学のように、大学スポーツで大きな利益を上げることができない日本の現状では、アトランタオリンピックでジョージア州内の大学がオリンピックのためにスポーツ施設を新規に建設したり、既存の施設を改修したりして貢献したようなことは難しい。また大会後の維持管理を含め、日本の大学が世界のトップレベルのスポーツ施設を保持することも難しい。しかし長期的にネーミングライツを活用することで、宣伝広告としての役割以外に、施設建設費の負担を軽減できることに貢献できる。また自大学のスポーツでも試合に活用でき、大学が指定管理でスポーツ施設管理を行うこともできるだろう。ネーミングライツとしての支出を指定管理による収入でカバーするだけでなく、新たな地域の雇用の創造に貢献し、学生のアルバイト需要を満たし、インターンシップとしての活用も可能となるだろう。オリンピック会場でのネーミングライツ活用は、さまざまな恩恵があると考えられる。

センチュリーリンクフィールド建設と税金投入の関係

　NFLシアトル・シーホークスのホームスタジアムのセンチュリーリンクフィールドの建設コストは、3億6,000万ドル（スタジアムに併設されている見本市会場に別途7,000万ドル）で、両方の建設費に公的資金（税金投入）が3億ドル、チームオーナーのポール・アレン氏のポケットマネーが1億3,000万ドル出資されている。2015年には1,000席の増席工事も行われる予定である。
　ここで着目すべきこととして、スタジアム建設で多額の税金が投入された

ことであるが、そのために必要な原資は増税でまかなわれた。増税の中で特に注目すべきはホテル税やレストラン税の増税であった。つまりこの増税負担のターゲットは、州内の納税者に限定されず、州外（または海外）から訪れる観光客からの資金を取り込むことも大きな狙いとなっていた。8年間限定だが、ホテルのルーム税が2%増税となると、観光都市シアトルを含むワシントン州全体でのホテル税の税収は、スタジアムのコスト負担に大きな後押しとなったわけだ。

　元々のホームスタジアムは、シアトル・マリナーズと共同使用していたキングドームであったが、2000年に取り壊されマリナーズがセーフェコフィールド、シーホークスがシーホークススタジアム（2002-2004）を本拠地とした。2004年から2011年はクエスト社がスタジアムのネーミングライツを得て、2012年よりセンチュリーリンク社がネーミングライツを引き継いでいる。2000年と2001年はワシントン大学のハスキースタジアムを間借りしたが、そのコストは1試合につき30万5,000ドルで、20万5,000ドルはスタジアム使用料、10万ドルは駐車場の使用料であった。NFLのホームゲームは年間8試合、2年で16試合ということになり、レンタル料は合計で488万ドルで、それ以外に大学の試合運営にかかる費用負担をシーホークスが賄った。

3　スポーツツーリズム

　2020年東京オリンピックに向け、オリンピックによるさまざまな経済効果を見込んで多くの取り組みが進められている。先の項でも大学スポーツにおけるさまざまな経済効果の事例を紹介してきたが、ここではさらにスポーツツーリズムについて掘り下げてみよう。

　大学スポーツの一大イベントの基盤―――――――――――――――――
　先のアラバマ大学の事例からもわかるように、たった1試合参加するだけ

で大学が支出する金額は 400 万ドルを超え、大学から支出が許された人員も 800 名を超え、チーム関係者の現地滞在は最大で 1 週間にもなる。

　NCAA のルール上、ポストシーズンのボウルゲーム出場には、リーグ戦以外に 2 週間の追加練習が許可されるが、基本的に練習時間の週 20 時間ルールは厳守されるため、朝から晩まで 1 日中試合の準備（練習やミーティングなど）はできない。よって半日以上は実質フリータイムとなる。多くは現地の観光をすることになるが、1998 年にワシントン大学がハワイのオアフボウルに出場した際は、チームは約 1 週間ホノルルに滞在した。午前中にミーティングと練習をした後、午後からはハワイ観光が用意されていた。2001 年のローズボウル出場時は、ディズニーランドなどのツアーも提供されている。2010 年のアラバマ大学の支出にある娯楽費 12 万 6,784 ドルには、チームや大学関係者の観光費も含まれている。

　チーム関係でこれだけ大きな支出があるわけだから、近隣以外から数万人規模で観戦に訪れるファンが現地で落とす金額は計り知れない。それ以外に近隣からの観客が 4 万人以上応援に駆けつけるため、ホテル、レストラン、観光施設など、ビッグゲーム開催では地元に大きな経済効果が見込まれる。また移動に必要な交通費は航空運賃だけでなく、近隣からの車での移動、現地でのレンタカーやバスなど、さまざまな需要に対応が必要となる。

　大きな大会では、たった 1 試合の観戦でも試合前後の宿泊が必要な場合が多く、20 万人規模の都市でも世界的な大型ホテルを含め数多くの宿泊施設が必要となる。もちろん年に一度の大型イベントのために存続しているわけではなく、世界規模のコンベンションなども開催されることが多いため、地方都市であっても大規模なホテルの需要はある。また、観光施設や観光名所もあり、日常のビジネスでは多くのビジネスパーソンも出張してくることが、こうしたホテル産業を支えている。アメリカの場合、世界規模の企業が 1 都市に集中していることは稀で、全米各地に独自の産業が創造され、本社機能も全米に点在している。いろいろな要素が相まって、こうした観光産業の存続が成り立っているのである。たとえば伝統の 4 大ボウルゲームの 1 つオレ

2010年シュガーボウルに出場したフロリダ大学が、現地ニューオーリンズ市滞在中宿泊していたホテル周辺には、観光スポットのフレンチクォーター、カジノをはじめ観光施設が充実、チームサポーターのためのスポーツバーも開設

ンジボウルは、世界的な観光都市マイアミ市で開催されるが、観光に加え貿易でも経済の基盤をなしている。ローズボウルを開催するパサディナ市はロスアンゼルス近郊にあり、西海岸一の大都市の経済基盤の中にある。また、周辺にはディズニーランドやユニバーサルスタジオなどアトラクション施設も多く、観光と経済のバランスのとれた町であり、数万人規模の観客を受け入れるのに十分なキャパシティを有している。

BCSゲームによるから見るスポーツツーリズム効果

2013年シーズンで終了したBCSゲームは、ローズボウル、シュガーボウル、オレンジボウル、フィエスタボウルの4大ボウルゲームに全米王座決定戦を加えた5つの大会で成り立っていた。全米王座決定戦は4大ボウルゲームと同じ会場で毎年持ち回りで行われ、その経済効果は高く、ニューオーリンズ大学のティム・ライアン博士によると、2008年のシュガーボウルと全米王座決定戦のダブル開催の時は4億ドルの経済効果があり、2009年のシュガーボウルは1億3,728万ドルで、834万ドルの州税と地方税収入(ルイジアナ州に512万ドル、ニューオーリンズ州のある郡に322万ドル)に貢献しているという。過去7年間合計では13億ドルもの経済効果をニューオーリンズ市とルイジアナ州全体にもたらした。

2010年シュガーボウルより

　2010年のシュガーボウルでは6万5,207名の集客があり、そのうち内69.2％はニューオーリンズ市外からの観客であった。ホテル利用は平均で2.61泊で、1人平均1日454.70ドルの出費、全滞在中に1,188.43ドルをニューオーリンズ市で消費したことになる。

　ボウルゲームへの参加での収入、チケットやテレビ放映などの収入は額が大きいものの、それだけではチームが滞在する費用を賄うことはできない。大きな大会ならばある程度回収できるかもしれないが、BCS以外の大会では大学が赤字になるケースも少なくない。これは遠征地の多くが観光地であり、そこでの滞在費が高騰すること、さらに優秀な成績を収めたことによってボウルゲームへ招待されるのであるから、当然そこへ導いたコーチへのインセンティブの支払いなどが大きく影響している。そのため少しでも大学の赤字を埋めるために、ボウルゲーム出場記念の各種グッズを販売する。宿泊するホテル内に設けた特別ブースや試合会場で販売されたチームグッズの売り上げは、ボウルゲーム出場校にとって、とても重要な収入となる。

ブラックアウトに見るNFLの戦略

　先述のように、テレビ放映料はプロスポーツや大学スポーツ運営において、今や最大の収入源になっている。日本でもNFLやNCAAの試合が中継されることが多くなっているが、NFLの試合はどの試合もほぼスタジアムは満員である。これにはしっかり練り上げられた戦略がある。それは「ブラックアウトポリシー」である。ブラックアウトとは停電を意味する言葉だが、この場合試合中継がなくなることを意味している。試合の72時間前までにチケットを完売しないと、そのホームチームの地元にはテレビ中継がされず、他の地域の試合が放送される仕組みだ。「地元のファンがスタジアムに足を運ばないのだから、テレビ中継するに値しない。テレビで見るよりも、まずはスタジアムに行きなさい！」ということである。日本のプロ野球でたとえると、甲子園の阪神―広島戦でチケットが試合の72時間前までに売り切れないと、その日近畿圏のテレビのプロ野球中継は中日―ヤクルト戦になる、ということだ。

　NFLは2つのカンファレンス（AFCとNFC）に分かれ、さらにそれぞれ4つの地区に分かれている。NFLのテレビ放映権は主にAFCはCBS、NFCはFOXが中継をするので、NFLのチームのフランチャイズを持つ地域にどの中継をするかは、それぞれのテレビ局でコントロールすることができるのだ。ブラックアウトはNFLがテレビ中継を一元管理しているからできる仕組みでもある。そのため各チームは知恵を絞り、スタジアムに空席がないよう、毎試合必ず試合前72時間前までにチケットを売り切ってしまうのである。

　アメリカンフットボールの試合のチケットを売り切る上で最も重要なことは、対戦相手の側のスタンドを埋めることである。広い国土のアメリカで、チームの遠征に大応援団が駆けつけることはほとんど不可能である。つまりホームのチームのファンが、対戦相手サイドのスタンドを埋め尽くす必要がある。ここでアメリカンフットボール特有の応援が一役買っている。それはクラウド・ノイズ（Cloud Noise）である。アメリカンフットボールでは

ファンの声援が勝敗やプレーの成功／不成功に大きくかかわる。Cloud（塊）Noise（雑音）、つまり大音量の声援で相手チームのプレーを混乱に陥れるのである。それが楽しみで相手チーム側のスタンドにも、たくさんの地元ファンが押し寄せる。以前はあまりにも大きな声援で、全く選手間の伝達ができなくなり、ファンに対する反則としてそのチームにペナルティを科すこともあったが、今ではこの応援スタイルがこのスポーツの一部になっている。2014年のスーパーボウルチャンピオンに輝いたシアトル・シーホークスの地元スタジアムが、世界で最もうるさいスタジアム（ジェット機の騒音に匹敵する）といわれるのも、スタンドのほとんどを地元のファンで埋め尽くすことができるからである。

遠征してくるチームのスタンドまで地元チームのファンが埋め尽くすと、対戦相手のファンはどこで観戦するのだろうか。アウェイチームのファンが座るエリアは、通常スタジアムのゴールポスト付近と決まっている。いい席は事前にシーズンチケットで、地元ファンが押さえてしまっているのである。NFL発表では、2015年はブラックアウトは中止する予定だという。2014年のチケット販売が順調で、2015年も引き続き好調な販売が期待できるということが要因のようだ。

シーズンチケットの意味

スタジアムをファンで埋める上で、最も重要なことはシーズンチケット販売にある。つまり全試合スタンドに足を運ぶファン（Season Ticket Holder）をどれだけ持つかということにかかっている。ワシントン大学アメリカンフットボールチームの1999年のシーズンチケットホルダーは、当時スタジアム収容人員7万2,500名に対し6万9,000名もいた。この数は当時シアトルを本拠地にしていた3大プロスポーツチームのシアトル・マリナーズ（MLB）、シアトル・シーホークス（NFL）、シアトル・スーパーソニックス（NBA）3チームの総シーズンチケットホルダーの数を上回っていた。既存のシーズンチケットホルダーがその権利を手放さない限り、新規の販売はできない。

権利を持つファンが毎年更新すれば、市場に出回る数少ないチケットを入手しない限り、スタジアムで観戦するチャンスはないのである。

NHL のチケットサービスの事例

ユニークなファンサービスとして、NHL ピッツバーグ・ペンギンズは、年間指定席購入者に、選手自らチケットを配達するサービスを行っている。オリンピックでも活躍したチームのキャプテンのシドニー・クロスビーと他の 15 選手が、ピッツバーグ市に住むチームのホームゲーム年間指定席購入者宅を訪れ、年間指定席を手渡しで届けている。そしてその家庭でファンとの交流を持ち、その家庭に子どもがいると、庭でローラースケートのホッケーゲームを楽しむなど、いきめ細かなファンサービスを提供している。2007 年型続いているサービスで、ファンにとっても試合を見る楽しみだけでなく、直接選手と自宅で交流できる特別なプレゼントと言える。試合の時はファン一人一人との交流はできない。勝つ時もあれば負ける時もある。どのような時でもチームを支えているファンに、選手が感謝の気持ちを直接伝えることができる機会は、ファンだけでなく選手にとってもたいへん重要である。

選手によるシーズンチケットのデリバリーは、ファンにとってもたいへん喜ばれるサービスであり、スタジアムの空席を減らすことと連動させるとなれば、より有効な手段と言える。例えば野球ではホームチームサイド（通常は 1 塁側）に人気が集中するのが一般的だ。となると 3 塁側で売れにくいシートのシーズンチケットに、選手のデリバリー権抽選つきシートとして限定販売すれば、かなりの確率で売り切れる可能性が出てくるだろう。例えば 20 人の選手がデリバリーに参加、一人 10 名受け持ち 200 席限定ということにする。あくまでも抽選で行うので、必ず好みの選手がチケットを持ってくる保証はないが、宝くじ感覚で楽しめるだろう。

テイルゲートパーティ

アメリカでは試合前早めにスタジアムへ行き、駐車場内でバーベキュー

ワシントン大学のテールゲートパーティは、湖上のボートやヨットが伝統

パーティをしながら試合開始を待つ習慣がある、テイルゲートパーティである。車社会ということもあり、車で来場し駐車場にとめるわけだが、その時バーベキューセットを持ちこみ、ピックアップトラックの荷台（Tailgate）

第2章　スポーツビジネス●——83

を開けて、バーベキューをするところからこの呼び名がついている。

　カレッジフットボール観戦では、通常多くの大学がキャンパス内のスタジアムを使用する。一般的にアメリカでは大学のキャンパス内は飲酒できない。当然スタジアムも大学のキャンパス内なので、会場内はアルコール販売ができない。最近はテロ対策でスタジアムへの持ち込みの規制が厳しくなっているが、9.11以前からアメリカのスポーツ観戦でスタジアムや映画館に入場する際は、荷物検査が行われてきた。飲食類はすべて施設内のものを利用することがポリシーである。スタジアムの外で購入したものは持ち込めないのである。当然アルコール類の持ち込みもできないので、お酒を飲みたいファンのために、試合前やハーフタイム、そして試合後に車のところで飲食をすることを始めたのが、このテイルゲートパーティである。本来公共の場所での飲酒は法律で禁止されている。駐車場もキャンパス内であるため本来飲酒はできないのだが、特例としてスポーツイベントにおける楽しみの1つとして定着してきた。駐車場以外でも会場付近のレストランやスポーツバー、また主催チームが隣接する室内練習場などを利用して、テイルゲーティング（テイルゲートパーティをすること）を提供するケースもあり、公共交通機関を利用するファンにも、試合以外でさまざまな楽しみ方が提供されている。

　飲酒運転や試合前後の対戦チームのファンとのいざこざなどさまざまなリスクもあり、テイルゲートパーティの運用には十分な安全対策が必要である。

第3章

オリンピックレガシー

——アメリカが持つ合理的ノウハウ——

1 オリンピックと大学

　オリンピックはあくまでも都市としての参加が前提であり、多くはその国の首都や、経済的に豊かな大都市で開催されることが一般的だが、10万人規模の小さな町で開催されることも少なくない。そのためサッカーのワールドカップ同様、オリンピックのような大規模な国際大会運営には、国家プロジェクトとして国のイニシアチブも重要になる。アメリカでのオリンピックは、夏は過去セントルイス1回、ロスアンゼルスで2回、アトランタで1回の合計4度、冬の大会もレイクプラシッド2回、スコーバレー1回、ソルトレイク1回の合計4度開催されている。またサッカーのワールドカップも1度行われ、大規模な国際大会の開催については実績と豊富なノウハウがある。その中で大学スポーツがどのような役割を果たしてきたのか見てみよう。

大学内に建設される大会施設

　アトランタオリンピック開催において、大学はたいへん大きな役割を果たしている。既存の施設を改修または大学独自に施設を建設して、オリンピック競技会場として使用したのである。特にジョージア工科大学では、水泳競技会場のジョージア工科大学アクアセンターを1,680万ドルで建設した、その他、バスケットボールのアレキサンダーメモリアルコロシアムを改修しボクシング会場にし、陸上のトラック&フィールドはオリンピック仕様にグレードアップさせて選手の練習用に開放、けが治療やリハビリおよびメンテナンス施設はホーマー・ライスセンター・フォー・スポーツ・パフォーマンス内に設置、そして選手村（オリンピックビレッジ）をキャンパス内に建設した。また野球場はトレーニング施設として参加選手へ開放した。
　そのほかジョージア大学はサッカー会場にサンフォードスタジアム、体操競技やバレーボール会場にステージコロシアムを提供、ジョージア州立大学

は既存のジョージア州立大学スポーツアリーナをバドミントン会場に提供、また選手村も建設している。モアーハウスカレッジではバスケットボール会場のフォーブスアリーナ（大学の初代バスケットボールコーチの名前）を800万ドルで新設、クラークアトランタ大学はアメリカンフットボールのパンサースタジアムをホッケー競技に提供、学内に選手村を建設している。モーリスブラウン大学では既存のハーンドンスタジアムをホッケー会場に提供した。

　このようにオリンピックでは、たくさんの大学の既存の施設を活用し、また大学はスポーツ施設を新設して、オリンピック開催競技の会場に協力した。

　老朽化している施設は定期的に改修などが施され、常に最新の設備を備えたさまざまなスポーツ施設が充実している。必要であれば新規施設を建設する資力を有する大学が全米中に数多く点在しているので、どの地域で大きなスポーツ大会が行われても、国や地方行政がスポーツ施設で大きな費用を負担する必要がないのである。国や地方行政は公共的なインフラ整備を担うだけで済む仕組みだ。

2　大会後を見据えた計画——オリンピック・パラリンピックレガシー

　2020年に開催が決定している東京オリンピックでも、大会後の競技施設の在り方が問題となっている。その1つがオリンピックレガシーとして有効活用できるのかという点である。先の項でも述べたように、1996年アトランタオリンピックでは多くの施設が大学内に建設されるか、または既存の大学施設を有効利用していたことで、今も存続している。

　たとえば水泳競技場（ジョージア工科大学アクアセンター）は、大会後総合リクリエーションセンターに改修され、今では一般学生や市民にも開放されている。ボクシング会場だったアレキサンダーコロシアムは、バスケットボールや体操競技場として活用され、2012年には単に競技会場としてだけでなく、バスケットボール専用の練習場（1年生用と上級生用別）やウェイトトレー

アトランタオリンピックの際、参加選手のサポート拠点だったホーマー・ライスセンター・フォ・スポーツ・パフォーマンス

ニング室を備え、ミーティングやコンディショニングなども可能な近代的なバスケットボール施設へと変貌している。この改修工事により、試合会場はマカミッシュパビリオンと改名されている。

　ジョージア工科大学をはじめ、各大学内に建設された選手村は現在学生寮となっている。ジョージア州立大学内に建設された選手村は、その後ジョージア工科大学が買い取っている。18歳を過ぎると親元を離れることが一般的なアメリカでは、大学で学生寮を整備することは重要なことである。オリンピックで使用した最先端の居住空間は、入学してくる新入生にとってたいへん魅力的であった。このアトランタでの実績は、2002年ソルトレイク冬季オリンピックにも引き継がれ、ユタ大学内に選手村を建設し、大会後学生寮として活用している。アメリカでのオリンピック開催で、選手村を学生寮にするアイデアは、1984年ロスアンゼルス大会において、UCLAや南カリフォルニア大学などが選手村を大会後に学生寮にしたことから始まっている。

レガシーの見方を変える

　オリンピックレガシーには、大会で使用した競技施設をいかにして後世に

選手村を学生寮に 　　　　　　　アトランタオリンピックで使用されたリハビリ施設

残していくのかということとともに、現在すでにあるものを有効に利用していくことが求められる。アメリカでは、できる限り今あるものを改修して利用する取り組みが、スポーツ施設に限らずあらゆるところで見かけられる。ワシントン大学の校舎は多くが100年以上前に建てられたレンガ造りのもので、今もたくさんのレンガ造りの校舎が残っている。もちろん新たな校舎を建設することもあるが、今あるものを潰して新しいものを建てることはほとんどない。

　ビル・ゲイツ氏の母親メアリー・ゲイツ氏の名前のついた校舎は、古いレンガ造りの校舎で1998年に改修工事を行ったが、内装部分に限った工事で、外壁のレンガ造りの建物本体はそのまま維持された。同じように1999年に改修工事が始まったワシントン大学の室内競技場も、レンガ造りの外壁をそのままに、内部を大きく改修した。大きな重機を施設内に入れるために、一部レンガを取り除いてスペースを確保したが、取り除いたレンガはそのまま保管し、内装が完成して重機を搬出した後は、再び同じレンガを使って修復している。

　法科大学院の校舎はそれまで存在しなかったため、新しく新設された。こちらはビル・ゲイツ氏の父親ウィリアム・ゲイツ氏の名前が付けられている。同様にそれまで無かった室内練習場を2000年に新築している。必要であれば新設すればいいが、できる限り今ある施設を有効に活用することは、オリ

第3章　オリンピックレガシー●——89

バスケットボール施設 　　　　　　　　　上級生練習場

バスケットボール専用ウェイトルーム 　　ロッカールーム内のリクリエーション

個人ロッカー 　　　　　　　　　　　　高校生勧誘用ゲストルーム

ワシントン大学の室内競技場

界に示すべきと言えるだろう。

ハスキースタジアムの有効活用例――――――――――――――――

　ワシントン大学のアメリカンフットボール専用スタジアムのハスキースタジアムは、2011年〜2013年までの改修工事において、旧スタジアム解体で出た廃材の、実に95％以上を今回の改修工事で再利用、もしくはリサイクル利用している。例えば低層階のコンクリートは粉砕され、新しい建築工程で再利用され、上層階で使用していたベンチは、新しいスタジアム正面ゲートの「W」のロゴマークにリサイクルされた。廃材として処分するのではなく、新しい施設に再利用できるよう知恵を絞り工夫をすることも、立派なレガシーの創造である。

　新たな資材を使用する際は、材木は地元アメリカ北西部地区、レンガやコンクリートはワシントン州、鉄鋼類はオレゴン州と、地元地域産の資材を使用された。資材の輸送コストの軽減や、地域経済への貢献という点でも、大

プレミアム席専用ラウンジ　　　　　　ラウンジからの眺め

ラウンジからの眺め　　　　　　　　試合専用ミーティングルーム

ンピックに限らず、あらゆる分野で取り組むべきことなのである。
　今あるものを残す文化は、建国後歴史が浅い国アメリカの特質ともいえる。古くても200年ほど前のものしかない。もちろんネイティブアメリカンの文化はもっと古いが、合衆国建国後にできたものを大事に後世に譲り渡して受け継ぐ風土が根づいているのである。2000年以上の歴史のある日本では、古いものを捨てる傾向にある。大阪市でも400年以上ある古民家を取り壊したことが話題になった。アメリカなら知恵を絞って残すことを模索するだろう。60年前に造られた前回の東京オリンピックの競技施設は、老朽化の問題、また耐震上の問題を指摘され、取り壊すことが前提となっている。真のオリンピックレガシーを考えるなら、可能な限り今あるものを有効に活用することによって、世界に誇るべき日本のスポーツ文化、そして日本人の知恵を世

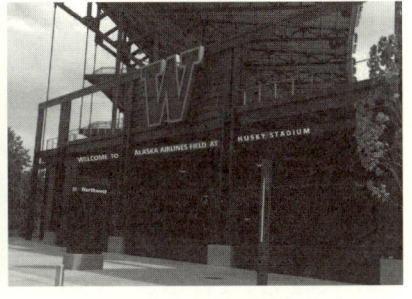

ハスキースタジアムの工事風景　　　　　スタジアム正面の「W」ロゴ

変価値のあることである。改修工事に際し旧施設にあった樹木や花壇などの植物は別の場所へ移植されたのち、新施設内に再度配置された。また廃水をろ過する最新システムも採用し、ワシントン湖への排水にも配慮がされている。またLED照明に切り替えられ、節電効果の高い施設になっている。

今回のワシントン大学のハスキースタジアム改修工事に対し、アメリカ合衆国グリーンビルディング評議会が授与する、LEED（the Leadership in Energy and Environmental Design）メダルの受賞も期待されている。

コンクリートから人へというレガシー

オリンピックレガシーは施設だけを意味しない。いかに後世に引き継ぐかというテーマは、物だけにとどまらないのだ。人作りのあり方についても考えておくことが重要である。

ジョージア工科大学の事例でもわかるように、国に頼らず自分たちの手でオリンピック施設を作り上げたアメリカの大学スポーツ界の課題は、常に1つ——いかに優秀な人材を社会へ輩出するのか！——である。第1章でも取り上げたように、アメリカの大学スポーツは人材育成にこだわっている。そのために最上級の環境を提供し、必要な費用を自分たちの手で稼いできた。企業サイドも、アマチュアスポーツに多額の資金を提供し、大学スポーツを支えてきた。

しかし企業にばかり頼るのではいけない。最も重要なことは、卒業生たち

が自分の受けた恩恵を大学に還元していくことである。彼らがスポーツで成功するかしないかに関わらず、また引退後もそしていかなる分野へ転身しようとも、社会で成功し、稼いだなかから次の世代の育成に協力していくことが重要なのである。今アメリカの大学スポーツが素晴らしい環境下で活動できるのは、その世界で育った若者たちが社会で活躍してきたおかげである。そしてこの構造によって、大学スポーツは単にエンターテイメントとしてのスポーツとしてではなく、社会に役立つ真の人材育成の場として、社会から支持・信頼されてきたのである。

カレッジフットボールの世界は、NFLで活躍する人材だけを育てているのではない。もちろんNFLに進む者はいる。しかしだれもがプロスポーツの世界で活躍し、大金を手にするわけではない。ほんの一握りの者がプロスポーツの入口にたどり着けるが、そのほとんどは2、3年で姿を消す。つまり大部分のアスリートたちは、残りの人生をスポーツ以外の世界で生きていくことになる。たとえばスタンフォード大学では、スポーツ引退後シリコンバレーの担い手を目指す者も少なくない。金融、不動産、行政、医療などの分野でも活躍している。

2006年に卒業したカイル・マター氏は、現役では常にレギュラーQBを担っていたが、けがのためプロに進むことなく引退した。プロに行かなかったため早くスポーツ界から離れることができ、その後ハーバードビジネススクールへ進学、現在は金融機関の資産運用マネージャーの職に就いている。同じくスタンフォード大学でアメリカンフットボールで活躍し、NFL（フリーエージェントでテネシー・タイタンズと契約）に進んだエリック・ジョンソン（経済学）は、その後アメリカンフットボールの才能を開花させることなく、引退を余儀なくされる。その後シリコンバレーの半導体メーカーで、財務アナリスト関連（マネージャー職）の仕事をしている。

スポーツの世界で活躍するか、もしできなくても次の道で活躍する。大学スポーツで育った者は、自分たちが得た今の人生の成功を次の世代に引き継いでいくため、自分たちが受けたさまざまな機会と恩恵を次の世代に受け継

いでいくこと、つまりしっかり稼いでしっかり寄付をすることが求められるのである。企業が大学スポーツに期待するのは、プロで活躍する姿ではなく、常に優秀な働き手の供給元であるということである。そして実際、彼らは新しい分野で成功を収め、彼ら自身がフィランソロピスト、つまり慈善活動家となるのである。

レガシーとしてのオリンピックアスリート

　大学スポーツからオリンピックアスリートを最も輩出してきたのは、スタンフォード大学（2013年 TIMES 大学世界ランキング4位）である。過去のオリンピックにおいて、数多くのメダリストを輩出してきた。獲得した総メダル獲得数が223個、うち金メダルは128個である。フロリダ大学（2014年 TIMES 大学世界ランキング126位）はメキシコオリンピック以降、180名（卒業生を含む）のアスリートを送り込み、109個（うち50個が金メダル）のメダルを獲得した。ワシントン大学（2014年 TIMES 大学世界ランキング26位）はロンドンオリンピックにアメリカ以外の世界3カ国からの留学生を含む20名（卒業生を含む）を派遣、10個（金2、銀5、銅3）のメダルを獲得した。競技歴とともに世界最高水準の大学で学んだ経歴は、先にあげた事例でもわかるように、スポーツ引退後別の分野に進んでも必ず活かすことのできる素晴らしいレガシーになると言えよう。

　NBAで長年活躍したシャキール・オニール氏は、ロスアンゼルス・レイカーズが全盛期の2000年（NBA連覇の年）にルイジアナ州立大学へ戻り、残っていた学位を取り卒業している。そして引退後は2005年にフェニックス大学でMBAを取得し、ビジネス（不動産業）の分野でも活躍し、さらに法科大学院への進学も視野に入れている。オニール氏は「プロバスケットボール時代、トップアスリートと一緒に仕事をしてきた。引退してビジネスの世界で生きていくには、ビジネスマンと一緒に仕事をしなければいけない。そのために必要なものを身につけていくことが重要である！」と言っている。バスケットボールの世界では、ダンクシュートや相手のゴールをブロックする

能力に秀でていたオニール氏だが、ビジネスの世界ではそんなものは全く通用しない。ステージが変われば、そのステージに合った能力を持たねばならない。社会に出てからはビジネスの世界で生きていくすべを必ず誰かが教えてくれるわけではない、むしろその前に身につけておくべき能力なのである。

新国立競技場問題とオリンピック予算

　本書校了近くなって大きな問題が浮上した。2020年東京オリンピック・パラリンピックのメイン会場である、新国立競技場建設問題だ。2,520億円という、過去類を見ない規模の金額の建設案に、国民の多くが反対の声を上げ、安倍首相は白紙撤回を宣言することとなった。この金額は、2000年シドニーオリンピック以降、アテネ、北京、ロンドン、そして来年行われるリオデジャネイロの6大会のメイン会場にかかったコストの合計を上回っていた。白紙撤回でことは収まったようにも見えるが、実は、その他の施設建設でもかなりの額の予算オーバーが見受けられる。東京都が受け持つ競技会場12施設の建設・改修計画でも、招致活動時点で提示した1,538億円から、4,584億円と大幅な建設コストオーバーの試算が出たため、3会場の建設中止と会場変更、そして計画の大幅な見直しを行い、2,576億円まで圧縮した。それでも当初試算からは約1,000億円アップしている。特筆すべきは、当初69億円を想定していたボート競技などの海の森水上競技場で、計画通りに進めると建設コストが最終的に1,038億円までアップするという試算が出たため、護岸工事規模やレイアウトの見直しで491億円までは圧縮した。新国立競技場が当初の1,300億円の倍の建設コストで大騒ぎとなったが、こちらは計画通りにすれば約15倍、計画の見直しで圧縮しても、依然7倍以上ものアップとなる。人件費や建設資材コストの上昇などがあるとはいえ、あまりにも現実離れした金額だ。

　ちなみに今回の新国立競技場建設でも、ネーミングライツなどの寄付は200億円を見込んでいる。アメリカの事例として、アメリカ法人のトヨタ社は、NBAヒューストン・ロケッツの本拠地のトヨタセンター（建設費2億ドル）

のネーミングライツで、20年間で1億ドル（約120億円）を提供している。

2024年オリンピックをアメリカが招致へ

　アメリカは2024年オリンピック・パラリンピック招致で、ロスアンゼルス市、サンフランシスコ市、ワシントンD.C.、ボストン市の4都市から、ボストン市を国の候補都市に選出した。

　過去アメリカ国内のオリンピック開催で、地域の大学がスポーツインフラ建設やアスリート育成など、多大な役割を果たしてきた。今回の候補4都市とも、地元に多くの大学があり、特にワシントンD.C.を除く3都市には、スポーツの強豪大学が多数存在していた。最初に候補地となったボストン市周辺にはハーバード大学やマサチューセッツ工科大学に代表される、世界的な研究・教育レベルの高い大学をはじめ、スポーツ強豪校のボストンカレッジなど、100以上の大学が集まる一大高等教育都市である。アトランタオリンピックでジョージア工科大学をはじめとしたアトランタ市周辺の大学が、オリンピック施設建設や、競技者育成で大きく貢献したように、ボストン市もこのリソースの活用を視野に入れている。

　ボストン市での計画では競技会場の50％は既存施設を使用し、残りの50％が新規建設の施設で、その内10％は大会後も使用、40％は大会後に別の用途として使用する。多くの施設は地元の大学のキャンパス内になるスポーツ施設を活用する。これは本書でも取り上げた1996年アトランタの事例からも、どのように施設建設を行い、そして大会後運営管理をしていくのか、容易に察することができるはずだ。招致活動はもちろんのこと、新規建設を含め競技会場や本番の運営費などに、国や地方自治体の税金は一切投じないという予定であった。国の役割はセキュリティ、地方の役割は交通インフラを含めた公共インフラ網の整備である。また、これら公共インフラについては、オリンピックの開催の有無にかかわらず行うことも、当初からの計画であった。2024年のオリンピックに関連する費用はあくまでもプライベート基金から賄われる。このプロジェクトにかかる費用額は47億ドルと試算

されている。主な財源としてテレビ放映料、国内外の企業スポンサー、チケット販売などである。過去3つのオリンピック大会（ソチ、ロンドン、北京）を例にとると、超過したコストを含め国からの補助が行われたが、アメリカ合衆国政府はオリンピックに対する補助は行わない方針だ。過去1984年ロスアンゼルス、1996年アトランタ、2020年ソルトレイクシティの各大会の実績からも、厳格な計画、財政規律、スポンサーシップ収入の最大化によって血税を大会に投じなくてもオリンピックを運営できる体制が、アメリカではできあがっている。1984年ロスアンゼルス大会では2億3,200億ドルの黒字となり、オリンピック、パラリンピック関連スポーツへの補助に使われたほか、開催地ロスアンゼルスを含む南カリフォルニア周辺のユーススポーツ振興や教育支援（奨学金）にも寄与し、約300万人の少年少女の支援となった。あくまでも大会の主体は都市である。都市が自立してオリンピック開催を実現し、その恩恵を地元のために使うことが重要である。

　しかし今回ボストンでは市納税者の反対が強まり、他の候補地（ロスアンゼルス市、サンフランシスコ市、ワシントンD.C.）で再検討を始めている。ボストン市が候補地を断念したのは、競技会場建設（オリンピックメインスタジアム建設は市の責任範囲）や競技運営に税金投入をしないといっても、公共インフラに多額の税金を投入する必要があるためだ。マサチューセッツ州が直近で行った調査でも、オリンピック支持が42％だったのに対し反対が50％だったことも、候補地断念へと舵を切った大きな要因となったようだ。公共インフラなどには州や市民税が投じられるので、オリンピックよりも住宅価格の抑制、教育の充実、治安の改善といった、身近な生活の安定を願ってのことと言えよう。

　ボストン市の決定に過去2度のオリンピック開催実績のあるロスアンゼルス市が、早々と関心を示している。前回の調査ではロスアンゼルス市周辺でのオリンピック支持は74％と、IOCの70％以上が望ましいという数字をクリアしている。ボストンでも期待された大学のスポーツ施設の活用についても、南カリフォルニア大学やUCLAといったスポーツ強豪大学をはじめ、

多くの大学が存在している。NFL のチーム誘致のためのスタジアム建設やプロサッカー専用スタジアム建設など、ロスアンゼルス市でのスポーツ施設建設は、オリンピックの有無にかかわらず、個別事案で進んでいる。日本の新国立競技場建設でもコストの高騰が指摘されているように、アメリカでも大きなスポーツ施設建設は 10 億ドルを超える時代となっている。開催都市の責任範囲でメイン競技場（通常は陸上競技場を兼ねたもの）建設となると、コストの財源や大会後の運用を明確にした上でないと、市の財政破たんを招きかねない。

　さらに大会後の施設の活用を見据えなければいけない。夏季オリンピックのメイン会場は通常陸上競技場を兼ねている。が、大きな陸上競技の国際大会でも 8 万人規模のスタジアムを満員にすることは難しい。サッカーを含めた多種目で共有、コンサートなどでの活用も必要だろう。レガシーとは作ったものをそのまま使用することだけがレガシーではない。先述のように、後世までどう引き継いでいくがが重要である。1996 年アトランタ大会では、メイン会場センテニアルスタジアム（総工費 2 億 3,500 万ドル、85,000 名収容）は当初から MLB アトランタ・ブレーブスのホームスタジアム（ターナーフィールド、45,000 名収容）にすることが決まっていた。地方都市アトランタに陸上競技場でこの規模は必要ないからだ（陸上競技練習用のサブトラックはジョージア工科大学内に建設し、大会後は大学の陸上チームの練習施設となった）。メイン会場の建設費もアトランタオリンピック委員会（ACOG）がテレビ局 NBC やオリンピックスポンサーなどから集めた出資金をベースに建設された。大会後野球場へと改修工事(1996 年 9 月〜1997 年 3 月)を経て、2016 年までアトランタ・ブレーブスに 20 年間リースされている。改修工事の際不要となった設備などは、近隣大学のスポーツ施設などへ提供されている。これもレガシーとしてはとても重要な要素であろう。2017 年以降はブレーブスが新たなスタジアムに移動するため、現在アトランタ州立大学がアメリカンフットボールスタジアム（改修費用 3 億ドル）として再々利用を検討している。ダウンタウンにある大学であるジョージア州立大学では、複数の競技が郊外の施設を使用

しており、立地条件や利便性のあるターナースタジアムを活用することで、学生アスリートの効率的な活動を支援できる。

　新国立競技場周辺には、神宮球場（野球）や秩父宮ラグビー場（ラグビー）など、既存のスポーツ施設があるが、オリンピック後にこれらの施設を含めて、トータルで活用を考えるビジョンが必要であろう。サブトラックが常設できない新国立競技場が、陸上競技場として国際基準を満たしていないのであれば、思い切って陸上競技は東京スタジアム（味の素スタジアム）で賄うことも考えられる。さらにJリーグのチームを誘致し、ラグビーでも使用できる施設とすることも現実的な案だと思う。

大学に体育の授業は必要か────────────────────
　日本では一般的に大学まで体育の授業を行うところは多い。中には選択科目として講義や実技を選ぶ大学もあるが、必須科目になっているところも少なくない。しかしアメリカに行くと、大学で単位取得が義務付けられた体育の授業を実施するところはあまり聞かない。大学生は身体のできあがった年齢になっているので、日本的な身体を育んでいくという体育の授業を大学で実施する必要性がないという判断からだと思われる。むしろ学生個々で健康管理をするという意識が高いようだ。そのため自己管理（時間と健康面）するので、授業ではなく個別にフィットネスジムなどで身体を動かすことを選ぶのだろう。

　カリフォルニア大学・デービス校、ワシントン大学、そしてジョージア工科大学など、大学スポーツの学生アスリートの強化施設以外に、一般学生のためのフィットネス施設を持つ大学が増えている。それも単にウェイトトレーニング施設だけねなく、ヨガやダンスなどのレッスンプログラムの提供をはじめ、スカッシュ、フリークライミング等の施設も完備し、さまざまなニーズに合ったものがチョイスできる。選択をする権利を主張する国民性からか、大学の授業で押し付けられるよりも、自分の空いている時間に、好きなものを選んで体を鍛える方を選ぶ、自立した考えがあってのことでもあ

る。一般学生も意識が高い。ワシントン大学では学生アスリートが朝から専用施設でウェイトトレーニングに励んでいたが、一般学生や教職員のためのフィットネスジム The Department of Recreational Sports Programs（RSP）も早朝6時からオープンしており、一限目の授業の始まる朝8時前にはどの施設も超満員で、朝から熱気にあふれていた。一般学生や教職員達も、アスリートたちに負けず劣らず、朝からテンションを上げ、一日をスタートさせていたのだ。体育（体を育てる）という役割は、20歳前後の大学生にとってもう必要なく、健康維持（フィットネス）と自己管理としてのプログラム提供が求められるであろう。

　ジョージア工科大学の総合フィットネスジムは、1996年アトランタオリンピックで水泳競技に使用された公式プールを改修した施設、The Campus Recreation Center(CRC)内にある。施設は朝5時30分からオープン。ジョージア工科大学では学生だけでなく地域の市民にも施設を開放し、これまで累計195万人、月間平均5万3,000人がこの施設を利用している。そのため大学は310人のスタッフを雇用している。学生の健康促進としての活用にとどまらず、一般市民にも開放し、さまざまなスポーツプログラムを提供している。また運営するスタッフもプロのスタッフを雇用することで、地域の雇用の創造に貢献できるだけでなく、学内にいる多くの学生に単なるアルバイトではなく、運営管理をインターンシッププログラムとすることで、卒業後の就職活動の時のキャリアパスとして価値を高めることにも役立てている。

　日本でも2020年東京オリンピックで施設の建設、そして大会後の施設運営の問題、いわゆるオリンピックレガシーをどう考えるか、ということは大きな課題である。東京都市圏に多くの大学があるので、オリンピック施設をどう活用するのか、ジョージア工科大学の事例からも、ハードとソフト両面で大学が担える役割は十分あると考えられる。学生が身体を育てるために体育の授業を受けるよりも、もっと知恵を磨いてスポーツを社会のために活用することに力を注ぐこと、そのために大学本来持つ機能である知恵を育んでいき、それを社会に還元することの方が、もっと

重要ではないだろうか。

3 ファンドレイジング

　スポーツ施設建設で最も悩ましいことは、その予算の獲得である。2020年東京オリンピックでもこの課題が最大の懸案となっている。アメリカで行われたオリンピック大会は、ロスアンゼルス大会を除き、開催された都市は、地方の小都市であった。レイクプラシッドはニューヨーク市のおひざもとということを考えると大都市からの経済的な後押しも期待できるが、それ以外は最大のアトランタ市ですら人口50万人に満たない都市である。

　先にも述べたようにアトランタオリンピックでは、多くの施設はアトランタ市周辺の大学が、既存のスポーツ施設を会場に提供、または新設したものであった。ジョージア工科大学ではオリンピック関連施設の主要3施設（オリンピック水泳競技会場、ボクシング会場、選手村）を大学キャンパスに誘致したが、水泳競技施設新設の建設費用2,000万ドルのうち、アトランタオリンピック委員会（ACOG）が負担したのは20％のみであった。大会後オリンピック水泳競技会場を大学生のリクリエーション施設に改装することを含め、総額3,000万ドルが必要となる。また選手村建設についても、ACOGは建設費の5分の1しか負担しないことになっていたので、大会後に最新鋭の学生寮を確保するには、9,000万ドルが必要となっていた。ボクシング会場となるアレキサンダーコロシアムの総額1,300万ドルの改修工事では、ACOGはエアーコンディショニングの設備費しか負担していない。ジョージア工科大学内でオリンピック関連施設整備にかかる費用は、総額2億4,000万ドルにのぼり、大型インフラ整備事業となったのだ。

　こうした大型インフラ事業の成功の鍵は、適性のある人材の登用にある。ところが、この時財務責任者（CFO）だったジム・マーフィー氏が他大学へ引きぬかれ、財務と建設事業双方に長けた人材を早急に手当てする必要

が出てきた。この事業計画を成功に導くためにジョージア工科大学が白羽の矢を立てたのが、湾岸戦争時にコリン・パウエル統合参謀本部議長のもとで、140億ドルのインフラ整備を成し遂げたビル・レイ氏であった。レイ氏はジョージア工科大学キャンパス内のさまざまなオリンピック関連施設の事業計画、プログラミング、デザイン及び建設の総責任者となったのである。

建設資金をどう集めるのか

第1章ですでに寄付について述べているが、アトランタオリンピックの際も、ジョージア工科大学はアトランタ市でのオリンピック開催決定後、競技施設をキャンパス内に建設するために、さまざまな寄付キャンペーンを実施していった。もともとアメリカではスポーツ施設を建設する多くの場合、基金を集めることが一般的だった。アメリカの巨大スタジアムで行われている施設見学ツアーで最初に必ず目にするのは、そこの施設を作る際に多額の寄付をした人たちのプレートである。「大学を支える寄付の文化」でも述べたように、スタジアム全体のネーミングライツ以外に、座席や施設内のゲートやスコアボードなどの、試合観戦やテレビ中継で目にする機会のある部分だけでなく、一般客が目にする機会のないコーチの部屋やミーティングルームなど、施設の各所にさまざまなネーミングライツがつけられている。中にはその時だけではなく、長年寄付をしてきた支援者もおり、その功績をたたえる意味で特別な場所に名前を掲げることもある。そして、大学の関係者、特に偉大なコーチの名前をスタジアムの名前（例えばテキサス大学ダリルロイヤルメモリアルスタジアム）に使うこともある。

高額のネーミングライツとして、NFLダラス・カウボーイズの本拠地AT&Tスタジアムは携帯電話会社のAT&T社と総額5億ドル（25年間）を結んでいる。プレミアムシートやスポンサー収入は年間1億ドルを超えており、チーム運営の収益は年間2億4,600万ドルと、他のNFL31球団よりも31％以上高い。もう一つのNFL人気球団のサンフランシスコ・49ersが新たに拠点を構えるリーバイススタジアム（68,500席、建設コスト12億ドル）は、

ジョージア工科大大学アメリカンフットボールスタジアムの
ゲートにつけられた寄付提供者名

　ジーンズメーカーのリーバイス社と2億2,000万ドル（20年間）ネーミングライツを結んでいる。リーバイススタジアムのあるカリフォルニア州では水不足が深刻である。スタジアムではトイレなどに水の再利用方式を取り入れ、建物の天井部分の緑化、ソーラーパネルの設置など、環境に配慮したエコスタジアムとしても知られている。同じカリフォルニア州でNFL球団の拠点がないロスアンゼルス市では、チーム誘致のためのスタジアム建設計画（72,000席、予定建設コスト12億ドル）で、ネーミングライツはファーマーインシュアランスグループと7億ドル（30年間）という金額での契約が成立している。

　これら大都市にフランチャイズを置くチームにおいて、高額なスポンサーやネーミングライツの契約は容易であり、地元での人気のバロメータのファン数も確保できるだろうが、NFLグリーンベイ・パッカーズのように、田舎町グリーンベイ市はNFLのフランチャイズの中でもっとも人口（約10万人）が少なく、これといった基盤産業もない町ではあるが、NFLの分配金（2億2,240万ドル）以外に、チーム独自で1億4930万ドル（前年比9.4％アッ

プ、2014年度黒字額は2,920万ドル）の収入を上げていることは、特筆すべきことであろう。ランボーフィールド（パッカーズのホームスタジアム、80,735名収容）のランボーは、初代ヘッドコーチの名前であり、企業のネーミングライツではない。大きな収入源は地道な取り組みでもあるファンからのチケットやグッズ販売である。この数年でランボーフィールドで7,000隻以上増設し、リーグ2番目の規模の大きなスタジアムとなった。また新設されたNFL32チーム中最大のチームショップでの売り上げも、チーム収入アップ（リーグ32チーム中9番目）の後押しとなっている。もともと地元のファンの後押しとして、チーム株をファンが買い支えてきた歴史がある（360,760名の株主）、ファン所有のチームでもある。チームCEOのマーク・マーフィー氏によると、5,500万ドルをかけ、リーグで2番目に古いランボーフィールド（1957年建設）にVIPルームなどのプレミアシート増設する改修工事、タイトルタウンタウン（タイトルタウンとは、タイトル＝NFLチャンピオン意外、特別注目するべきものがない町という意味でつけられた町のニックネーム）計画を進めている。これによりチケット価格も高騰することが予想され、さらなる収入アップも期待される。もし現在年間指定席やプレミアシートの権利を持つファンが、チケット価格高騰でその権利を手放しても、現在年間指定席など権利のキャンセル待ちが115,000名を超えているので、十分カバーできるという（権利を手放すファンはまずいないという）。

　しかしネーミングライツなどの寄付も、今回の新国立競技場建設に国民からの不支持の多さを考えると、企業が宣伝目的で資金を出すのも鈍るかもしれない。FIFAの金銭汚職問題でも、サッカー関連でスポンサーとして資金を提供している各企業も、不正やスキャンダルに対しては厳しい対応をしている。今回の新国立競技場問題も、企業価値やブランドイメージを損なわないよう、早期に解決を目指すべきであろう。安倍晋三首相のダハ・ハディド氏のデザインの建設案を白紙撤回した判断は、2020年開催に間に合わせるにはぎりぎりのタイミングであったが、正しい判断であったと言えよう。2014年にIOCが発表した"アジェンダ2020"でも、オリンピックにかかる

経費の抑制を強く訴えている。市民の支持と大会コストを抑えることが、オリンピック開催のスタンダードとなっているのだ。正しい方向性が示されている以上、その基準に合った大会運営ができるよう、万全の準備をもって2020年を迎えるべきであろう。

個人でチームや大学を支援する人をアメリカでは一般的に「ブースター (Booster)」と呼んでいる。サッカーでよく使われる"サポーター"は熱烈なファンだが、ブースターは資金提供が伴うものである。個人で100万ドル以上寄付するケースも少なくない。スポーツを支える支援者という点では、日本でよく似たケースとして、大相撲の「谷町」と呼ばれる人たちがあげられるかもしれない。谷町の場合、多くは個人で力士の食事やお小遣いなどの面倒をみることで有名であるが、アメリカの大学スポーツはあくまでもアマチュアスポーツなので、選手が個人的な恩恵を受けることはご法度である。活躍する環境を整えるために、組織に対する寄付を募り、参加するすべての学生アスリートへ、公平に恩恵を分配することが重要である。

フィランソロピスト

アトランタオリンピックでジョージア工科大学が行ったのも、オリンピック関連施設の寄付を募ることであった。結果的には総額5億ドルの基金が集まった。ボクシング会場のネーミングライツには、マクドナルド社が名乗りを上げた（アレキサンダーコロシアム・マクドナルドセンター）。マクドナルド社による寄付550万ドルは、ボクシング会場の改修工事総工費1,300万ドルの42％以上で、これはマクドナルド社が大学へ提供した資金的取り組みの最初のものであった。

企業が宣伝広告の一環でネーミングライツを得るケースもある一方、個人からの寄付などもあり、その名誉をたたえるケースもある。2012年にアレキサンダーコロシアムを大改修した際は総額5,000万ドルのコストがかかったが、長年保険業界で活躍し、募金活動の最前線に立ち、最も多くの寄付（1,500万ドル）をした慈善活動家のハンク・マカミッシュ氏の貢献を称え、マカミッ

シュパビリオンと改名している。マカミッシュ氏は年間18億ドルを売り上げる企業保険会社を経営してきた成功者である。各大学にとってはマカミッシュ氏のような地元の有力者の存在は欠かせない。

　第1章でも取り上げた、NFLシアトル・シーホークスのスタジアム建設において重要な役割を果たしたのは、ビル・ゲイツ氏とともにマイクロソフト社の共同創業者である、チームオーナーのポール・アレン氏だ。後に個人事業でも成功を収め、シアトル・シーホークス以外にNBAポートランド・ブレーザーズのオーナーにもなっている。シーホークスの新スタジアム建設の際には、ワシントン大学のフットボールスタジアムを間借りするため、スコアーボード（300万ドル）を新しく設置する際の費用と人工芝（100万ドル）の張り替えの費用をポケットマネーで寄付している。アレン氏は教育や健康をはじめ、芸術やスポーツなど、地域社会のさまざまな分野に寄付をしてきた。その総額は15億ドルを超えるといわれている。ワシントン大学にはスポーツ以外でも、図書館の建設（200万ドルの提供）や、コンピューターサイエンスの校舎（Paul Allen Center for Computer Science & Engineering）建設（1,400ドル提供）で協力している。

　学生アスリート出身で顕著な貢献をした者を一人紹介しておこう。ネブラスカ大学を2010年に卒業したダムコング・スー氏は、NFLドラフト直前に大学へ寄付をすることを表明した。その額は総額260万ドルで、ドラフト指名を受けた際の契約金に相当すると思われた額だ。つまりプロフットボール選手になる前に、最初に得られるであろう契約金をすべて寄付すると宣言したのだ。200万ドルはコンディショニングルーム建設費に、そして残りの60万ドルは在籍した工学部の奨学金にあてられた。まだスポーツで成功するかわからない、まだドラフト指名も受けていない時点での宣言であった。これは自身が受けた恩恵に対して、次の世代に還元することによる恩返しを意味する。

大学スポーツに寄付が集まる環境とは

　アメリカでは大学スポーツを支えるために、ブースターの存在が重要であることは理解できたが、なぜそんなに多くの資金が寄付できるのだろうか。ブースターにとって寄付をする財源はどこにあるのだろうか。下部リーグにもおしみなく支援するブースターが存在する。彼らの多くは事業で成功し、フィランソロピストとして、スポーツだけでなく地域社会に必要なさまざまな分野で支援を行っているのである。

　全米中で多くの大学がスポーツの環境を整えることができるのは、全米中にその経済的な基盤が分散しているためといえる。日本ではあらゆる分野で東京一極集中が進んでいる。経済も同様である。多くの企業が本社機能を東京に集中させている。経済的な中枢は東京に置かれ、集中しているのである。アメリカでは全米各地に根づいた地場産業があり、その産業を担う企業が拠点（本社機能）をさまざまな州に置いている。アメリカで最も大きな金融機関の1つ、バンク・オブ・アメリカの本社はノースカロライナ州シャーロット市にある。人口70万人クラスの地方都市だが、ここには優秀で誠実な人が育つ風土がある。これは企業がその土地に拠点を構える大きな要素（信頼性のある人財の確保）と言えるのだ。不祥事が企業に与えるダメージは計り知れない。コンプライアンスという点で最も重要なことは、優秀である前に誠実な人であるかどうかである。

　産業基盤の二本柱である研究開発と人材育成において、それぞれの州に世界的な評価を受ける大学があり、産業基盤の二本柱を担っているのである。カリフォルニア州ベイエリア（サンフランシスコ郊外）には、スタンフォード大学やカリフォルニア大学など、世界的にな評価の高い大学があり、シリコンバレーの産業基盤の二本柱の育成に貢献している。フロリダ州は観光が大きな産業である。ディズニーワールドやユニバーサルスタジオ、シーワールドなどのアトラクションも整備されているが、その他に宇宙産業も経済の枢要をなしている。大学スポーツだけでなく、4大プロスポーツも数多く本拠地（NFL3、MLB2、NBA2、NHL2）を置く州である。フロリダ大学、フロリダ

州立大学、マイアミ大学など、強豪大学スポーツチームが複数ある州で、これらの支援ができる経済的な土壌がなければ、ブースターも存在できなくなるのである。また1つの産業で成功しても、その産業が衰退するとたちまち地域（自動車産業のデトロイト市など）が疲弊するおそれもある。ワシントン州は昔から林業や水産業で発展し、アジアに最も近い町ということもあって貿易でも潤っていた。やがてボーイング社が拠点を構え、航空産業で発展を続け、マイクロソフトをはじめとしたソフトウェア産業で躍進したが、現在では遺伝子・再生医療の分野も、産業と研究機関の両方で世界的なランドマークとなりつつある。産業基盤を担う二本柱の発展では、世界的に評価の高いワシントン大学が拠点となっている。

　地域の発展に寄与貢献した誠実で勤勉な働き手が、やがて成功してフィランソロピストとなって、さまざまな分野で社会に貢献できる人材になっていくことが、スポーツ文化を支える大きな要素となっているのである。そして忘れてはいけないのは、フィランソロピストの中には、スポーツでは成功に至らなかったもののビジネスで成功した元学生アスリートが数多くいるということである。

　政策発信組織である日本創成会議によると、若年女性の流出で2040年までに895の市区町村が消滅する可能性があるという。若者が地方から都市部へ流出するのは、進学や就職の問題とリンクする。地域に根づいた地場産業だけでなく、新しい産業を創成するには、その基盤となる研究と人材育成の場、つまり大学の存在が重要となる。アメリカの大学スポーツの在り方からも、日本の社会構造における問題解決の糸口が見えてくる。

金メダル1個に100億円の税金

　財務省の発表によると、国の借金といわれる国債や借入金、政府短期証券の合計残高が2014年度末時点で1,053兆3,572億円になったという。1999年は約500兆円だったので、16年で倍に膨れ上がったことになる。将来に今のつけを持ちこさないためにも、無駄は無くしたうえで増税も必要にはな

るだろう。政治家の政務活動費が私的流用されたり、使途不明金の実態などを考えると、政治家自ら率先して、税金の使い方の模範となることが重要である。

そんな財政状況のもと2020年東京オリンピック・パラリンピック開催に向け、さまざまな準備が進められている。大きなものではメイン競技場をはじめとした各種スポーツ競技施設の建設、交通インフラなどの整備、そして選手育成への支援などである。オリンピック開催は基本的に都市がイニシアチブを握って運営するが、大規模なスポーツの国際大会においては、国からの支援も重要である。しかし先にも述べたように、国の借金が1,000兆円を超えている日本で、何から何まで国に依存してしまうことはできない。

東日本大震災の復興と重なっていることもあり、会場建設では人手を資材の不足により、コストの高騰で大幅な見直しも求められている。当初新築を予定していた競技場も、既存の施設を利用することも考えらている。とはいえ既存の施設も耐震基準や老朽化により、施設の建て替え・改修が必要となるものもあるだろう。交通インフラなども、老朽化に対する補修や改修も必要だが、競技施設とくらべて費用面だけでな建設期間も多くかかる。

選手の育成への費用でも、金メダル30個で世界3位を目指し、2015年度の概算要求で、オリンピック選手強化予算などの要求は540億円にも上る。選手強化費にあたる競技力向上事業の要求額は、117億円で前年度から2.4倍アップである。金メダル1個のコストが100億円という結果になるかもしれない。

これからの日本のスポーツ文化を構築していく上では、競技施設の建設や、選手の育成といった部分のコストで、国に何でも頼る体質から脱し、それぞれが自立した体質と具体的な方策をもつことが必要となる。

第4章

地域社会への貢献
――「社会への恩返し」としての活動――

1　社会の中でのスポーツの役割

　日本でも地域貢献を掲げて活動するスポーツチームをよく見かける。特に2011年東日本大震災以降、多くのスポーツチームが被災地を訪れて、さまざまな支援活動が行われている。この章では地域貢献をいかに行うべきかについて考えてみたい。

スポーツの役割

　スポーツは観客や応援するものに勇気を与えたり、ストレスの発散になったり、観客に大きな精神的影響を与える活動といえる。有名選手は社会的知名度も高く、その言動が社会的な注目を浴びることも少なくなく、子どもたちに与える影響も大きい。特に人気チームや有名選手の言動は、いってみれば良くも悪くも子どもたちの「手本」となることを選手本人や関係者が自覚する必要がある。

　またスポーツは精神的な役割だけでなく、プロのチームの活動をはじめとして、関連産業も含めて産業として地域の経済活動に大きな影響をもち、選手たちからの寄付という教育・福祉的な影響もある。第2章でも取り上げたが、東日本大震災の際、スポーツ界はプロ・アマを問わず自粛することを余儀なくされた。スポーツの「娯楽性」や「盛り上がり」が自粛の要因となったといえる。しかし競技をするアスリートだけが休んで済む話ではない。その周りでたくさんの人が働き、多くの産業がビジネスとして営まれ生業にしている。大きな自然災害の時、いったん自粛することはあっても、そのまま活動をしなくていい仕事はないのである。

　ビジネスとして、そして社会貢献を果たすためには、スポーツ界は業界としてのスタンスをしっかり持つことが重要である。

社会への貢献の位置づけ

　スポーツが社会への影響をもたらすことを裏返せば、スポーツ界は常に社会から支えられてもいるといえる。第3章でも述べたように、プロ・アマを問わず、スポーツをする環境は税金や寄付、また企業の支援など、さまざまな支援から成り立っている。その自覚を持って常に社会への恩返し（Give Back to the Community）をすることが重要である。

　日本のプロスポーツではシーズン中は試合に専念させたいというチームが多く、シーズン中にはめったに社会貢献活動をすることはない。しかしアメリカではプロ・アマを問わず、年中社会貢献活動をする風土がある。これはスポーツ界がいつも支援を受けている以上、恩返しが「期間限定」というわけにはいかないと考えていることにある。また分野を問わず必要とされる支援を行うことも重要である。日本では社会貢献として最も多く行われているのは、地域との交流活動である。特に子どもへのスポーツ教室が多く行われている。これは業界としての次世代育成や人材発掘目的の意味合いもあるためだが、本来の意味からすれば社会貢献とはいい難く、アメリカでは営利活動とみなされる範疇のものなのである。

　2005年〜2011年までフロリダ大学のアメリカンフットボールチームを率いたアーバン・マイヤー氏は、チームの社会貢献（子どもの教育支援、小児病院の慰問、ホームレスの炊き出しなど）に年間400時間以上参加するとしていた。このチームの中心選手のティム・ティーボウ氏（NFLフィラデルフィア・イーグルスへ進む）は、年間1,000時間以上（自身の記憶によると）個人のボランティア活動を行った。ティーボウ氏は夏に行われる子どものアメリカンフットボールキャンプの際、子どもに「信仰心を持ち、家族を大事にし、学校の勉強を疎かにしないこと、それらが先にできなければスポーツはできない！」と人生における優先順位を教えてきた。トップアスリートにとって「スポーツは最後にくるものである！」と。

　春には陸上短距離（ジュニア男子100m10.01秒の前世界記録保持者）、秋にはアメリカンフットボールの二足のわらじをはき、そのどちらにおいても全米制

ティム・ティーボウ氏へのインタビュー　　　　ジェフ・デンプス氏へのインタビュー

覇の原動力だったジェフ・デンプス氏（ロンドンオリンピック男子100m×4リレーメンバー、NFL タインデアナポリス・コルツ RB など）は、学業と2つのスポーツをかけ持つ多忙な中、ボランティア活動の機会があると必ず参加するように心がけていた。社会貢献を自分に与えられた使命と受け止め、その機会を決して無駄にしないように活かすためだ。特に力を入れたのがいじめ防止の活動で、いじめをする子どもの相談相手になり、いじめの原因を究明して、いじめをやめさせる取り組みに励んだという。

フロリダ大学アメリカンフットボールチームが2008年に全米制覇し、2009年4月にオバマ大統領からホワイトハウスに招待された際、大統領は「このチームは単にアメリカンフットボールが強いだけでなく、年間400時間も社会のためにボランティア活動で働いている。これはゲインズビル市が発展し、フロリダ州が豊かになり、アメリカを強くする原動力である！」と、学生アスリートの活動を評価していた。

具体的にどのようなことが社会貢献として重要なのだろうか、いくつか例をあげてみよう。

子どもに必要な支援――――――――――――――――――――

アメリカのスポーツ界で最ももっともよく行われる子どもへの支援は、教育支援である。

アメリカではアスリートが子どもの模範を示すことが求められる。大学スポーツが実践する文武両道も、子どもに教育の重要性を伝えるメッセージを含んでいる。定期的に小学校などを訪れ、子どもの教育支援をするアスリートたちが多いのも、自らが文武両道の模範を示す実践をすることで、子どもたちが学ぶことを疎かにしない習慣作りに貢献しているのだ。

　大学スポーツにおいては、学問や研究で世界的に評価の高い大学が、スポーツの強豪校であるケースも少なくない。学問もスポーツも高いレベルに達した上で文武両道を貫くことがスポーツ参加の絶対条件である以上、早い段階から教育の基礎を築きあげる必要がある。また、第1章で述べたように、誰もがスポーツで成功するわけではなく、多くはスポーツで成功せず引退していく――それも人生が残り半分以上残っている段階で――。スポーツで成功するしないにかかわらず、その生活のベースとしては教育の重要性は変わらないのである。阪神タイガースで3度年間最多安打を記録し、イチロー選手の持っていた年間最多安打日本記録を破ったマット・マートン選手も、「教育は人生の支えになる。もし教育を疎かにすれば、自分の体を半分失うようなものだ！」と語っている。マートン選手の母校ジョージア工科大学は、イギリスTIMES誌の大学世界ランキングで27位と、非常にのレベルの高い大学である。このレベルで学ぶことによって培ったベースがなければ、マートン選手は野球を続けることができなかった。「学業優先の取組を実践したトップアスリートは、率先して子どもたちに学業の重要性を伝えねばならない」とマートン選手は強調している。

被災地支援

　アメリカでは竜巻やハリケーンといった、大きな自然災害が毎年起こっている。地域によっては大規模な山火事や土砂崩れといった災害も増えている。こうした自然災害で家を失った家族に、家を建てる支援を行う活動がある。たとえば低所得者の住宅支援を行うNGOのハビタット・フォー・ヒューマニティ（以後ハビタットと表記）にNCAAが協力して、2005年のハリケーン・

2007年ワシントン大学アメリカンフットボールチームヘッドコーチ、タイロン・ウィリアム氏

ワシントン大学体育局、ハビタット・バンク・オブ・アメリカの連携

　カトリーナで家を失った世帯（27万5,000世帯が家を失った）へ家を建てて送ったことがあった。ハビタットは被災地域へ向こう3～5年間で約4,500軒の住宅建設支援を予定。NCAAはそのうち30軒の建設に協力することになった。災害直後NCAAの2部リーグ（Dvi.2）は、すぐさま100万ドルの寄付を送り、NCAA全体として250万ドルの支援を行った。そして向こう3年間支援を続けることを確約した。初年度は11月にフロリダ州で行われた2部リーグの大会の際、大会に参加していた学生アスリートが6軒の家を建てて、被災者へ送った。そして2007年3月のバスケットボール全国大会(March Madness)では、1,000名以上の学生アスリートが会場のアトランタ市に集結し、20軒近い家を建てて被災地へ送ったのである。

　2007年11月にワシントン大学体育局所属のコーチは、ハビタット、バンク・オブ・アメリカと連携して、シアトル近郊の低所得者向け住宅支援を行った。指導者がまず学生アスリートの模範となる姿を示すいい事例といえる。これを受けて翌2008年1月にはテニスチームの学生アスリート10名が、ワシントン大学、ハビタット、バンク・オブ・アメリカ連携事業に参加し、低所得者支援の住宅建設支援を行った。

ワシントン大学近郊のフードバンク 　ホームレスへの炊き出しに参加するワシントン大学アメリカンフットボールチーム

ホームレス施設で炊き出しをする1999年。2000年キャプテンのマーカス・ツウィアソソポ（左）と、NFLサンフランシスコ・49ersでコーチをする、1998年チームキャプテンのレジー・デービス（右から2番目）

　シアトル・マリナーズ地域貢献部門のマネージャーを務めるショーン・グランドレイ氏によると、マリナーズでもハビタットと協力して、シアトル地域に避難していたハリケーンカトリーナの被災者へ、住宅建設の支援を行ったことがあるという。この時は選手とコーチが協力して家を建てる支援を行ったそうである。

第4章　地域社会への貢献●──117

ホームレス支援

学生アスリートの社会貢献活動で、よく行われるものの中にホームレスのための炊き出しがある。大学近郊のキリスト教教会などに、ホームレスへ食料を配給する施設（フードバンク）や、食事を提供する施設がある。教会との連携で学生アスリートがホームレスの炊き出しに参加する。特に11月の感謝祭、そして年末のクリスマスシーズンは、アメリカンフットボールの最も忙しい時期だが、それでもホームレス支援のために活動する時間を作っている。

ジョージア工科大学のあるアトランタ市は、全米有数の犯罪多発都市でもある。その要因には貧困率や失業率の高さが指摘されている。この二つの要因は綿密につながっている。つまり親の貧困が子どもの教育へ影響し、それが子どもの将来の人生設計や、キャリアパスにつながるのである。

ジョージア工科大学の学生アスリートが積極的に参加する社会貢献活動の中に、子どものライフスキルに関する教育（青少年を非行から守る教育団体 Bright Future Academy と、アメリカンフットボール、女子バスケットボール、バレーボール、陸上各チームとの連携）、薬物防止の教育（Red Ribbon Week にアメリカンフットボールや水泳チームが中学校で薬物防止を講義する）、ホームレス施設での炊き出し（女子テニスチーム）、ホームレスの子ども施設への支援（体育局所属全チームによる、募金やおもちゃの提供）等がある。また低所得者の住宅建設支援を行う NGO ハビタットの本部が同じアトランタ市にあることから、長年ハビタットの住宅建設支援に、学生アスリート（野球チームやバレーボールチームなど）が参加している。90歳を越え、今なおハビタットの住宅建設プロジェクトに参加する元大統領のジミー・カーター氏は、ジョージア工科大学のOBでもある。2015年秋には、32回目となるカーター・ワークプロジェクトがネパールで開催される。

プロアスリートの取り組み

NBA では2005年10月より"NBA Cares"という世界的な地域貢献活動

を開始した。主な活動は子どもの教育支援、家庭問題解決、健康推進活動で、チャリティ活動ではNBA、所属チーム、所属プレーヤーが、2005年以降7年間で2億1,000万ドルを寄付している。直接地域へ出向き、活動した時間は230万時間を超えている。

NBAオールスター戦の週は、NBA総動員で開催地の地域貢献に取り組む(NBA Cares All Star Community Caravan Trips off)。NBA関係者(NBA運営スタッフ、所属チーム、選手、元選手)だけでなく、WNBA関係者も参加し、オールスターに参加する選手も活動に参加する。1日最大で1,500名を超える参加者、1週間で3,000人以上が参加する一大地域貢献活動である。活動内容は小学生の教育支援、小児病院の慰問活動、低所得者の住宅修理、ホームレスの炊き出しなどであり、その地域で抱えている問題としっかり向き合う姿勢風土が定着し根付いている。

2012年オールスターの際、ホームレスシェルターの支援には約300名(NBAとWNBAの選手とその家族、チームやリーグ関係者や引退した元選手)が参加し、施設の改修工事、炊き出し、テレビルームやコンピュータルームの整備を行っている。当時のNBAコミッショナーのデービッド・スターン氏も参加した。

シアトル・マリナーズは"Mariners Cares"という地域貢献活動を年間を通して行っている。年間公式戦162試合というハードなスケジュールの中、小学校訪問、DV被害者施設整備支援、地元の大学に通う学生の奨学金支援基金の設立、難病患者の支援基金をはじめ、さまざまなチャリティ活動を行っているのである。

NFLではチームの枠を取り除き、所属する選手たちがNGOユナイテッドウェイと一緒に、不登校や教育レベルの低い生徒の支援を行っている。生徒と実際に向き合うボランティア教員を集める活動のほか、学校での教育支援や、不登校の生徒の家に出向き、じかに生徒と向き合って教育の大切さを説き、学校へ戻るよう促す選手もいる。

また、教育レベルを高める上で、健康についても向上を図る必要がある。運動不足による小児肥満が増加しており、適切な栄養の摂取も重要である。

夏休みに子どもの運動支援（1日1時間運動をする）と食事を提供する活動"Play 60"にも、2014年スーパーボウルを制したシアトル・シーホークスのエースQBラッセル・ウィルソンをはじめ、NFLプレーヤーが多数参加している。

2014年には日本でも、小中学生の不登校が12万人近くいると報道された。また若年世代の慢性的な運動不足や、朝食を摂らない子どもや若者も増えている。

大学で文武両道を実践し、人生において教育の重要性をよく理解しているNFLプレーヤーたちは、次の世代にその大切なメッセージを届けることや、健全な成長を支援するため、具体的な活動に参加をする義務を負っているのである。

アスリート個人での社会貢献

チームで社会貢献の目標を立てているところもあるが、個人で地道に行うものも多い。2011年スーパーボウルを制覇したグリーンベイ・パッカーズのエースクォーターバックのアーロン・ロジャースは2014年9月に、双子の兄弟を小児がんで亡くした少女アニー・バートッツの取り組みと小児がん患者支援啓発の取り組みを手伝っている。アニーの双子の兄弟ジャックは、以前アーロン・ロジャースに会うことを夢見た少年で、アーロン・ロジャースがその夢の実現を支援した経緯で、アニーの取り組み"Gold in September Childhood Cancer Project"（9月に金色の衣類を着て、医療機関、基金団体、研究機関と一致団結して、子どものがん患者を救う活動）を知ったアーロン・ロジャースがアニーと一緒に街を歩いて、一軒一軒市民を訪問しこのプロジェクトのことを知ってもらい、支援への協力を訴えていった。

2014に年スーパーボウルを制覇したNFLシアトル・シーホークスのエースクォーターバックのラッセル・ウィルソンは年間を通し毎週火曜日欠かさずに、妻のアッシュトンさんを伴って、シアトルの小児病院を慰問する"Bule Tuesday"を実施している。また、難病の子どもの夢をかなえるNPOメイク・ア・ウィッシュ（MAW）アラスカ・ワシントン支部の要望で、難病の子ど

ものリクエストを受け入れ支援したり、資金集めのチャリティにも積極的に参加している。2014年に続き2015年に2年連続でスーパーボウル出場を果たしたラッセル・ウィルソンは、スーパーボウル（日曜日開催）直後の最初の火曜日に、小児病院への慰問活動"Bule Tuesday"を実施した。

　ラッセル・ウィルソンとアーロン・ロジャースは、NFLのリーダーシップを象徴する2014年NFLのウォルター・ペイトン今年の人賞（Walter Payton NFL Man of the Year Award）の32人にノミネートされた。この賞はフィールドの内外双方で、顕著な活躍をした選手を表彰するものである。

MAW アラスカ・ワシントンとワシントン大学による難病の子どもの支援 Lucky Days

　シアトル・マリナーズではチームの大黒柱のエース、フェリックス・ヘルナンデスが、MAWアラスカ・ワシントン支部の要請で難病患者の子どもの支援に積極的に参加している。またチームとしても地元航空会社のアラスカ航空と連携し、2014年9月にMAWアラスカ・ワシントン支部へマイレージを100万マイル提供した。これは2010年より行っているプログラムで、ホームラン1本につき1万マイル、満塁ホームランには4万マイルをMAWに提供するもの。MAWの支援する子どもの夢の多くは、飛行機による移動が伴うことが多く（全体の70%以上）、基金の提供と同様マイレージの提供はとても重要な意味がある。デルタ航空は過去5年間で3億5,000万マイルをMAWへ提供してきた。アメリカとカナダを合わせ年間1万4,000以上の難病の子どもを支援するため、航空各社がMAWへのマイレージの寄付を一般にも呼び掛けている。

　大学の学生アスリートも負けてはいない。NCAAのNiv.2（2部リーグ）加

第4章　地域社会への貢献　121

NCAA2部校のMAWへの基金ベスト10（ドル）

ランキング	大学名	金額
1	北ジョージア大学	21,413.00
2	バリー大学	20,220.50
3	ペンシルバニア大学エジンボロー校	10,767.98
4	ジョージア大学（GCSU校）	9,385.00
5	デルタ州立大学	8,154.62
6	ウィンゲート大学	7,030.00
7	ペンシルバニア大学インディアナ校	6,891.92
8	フラグラー大学	6,000.35
9	セントレオ大学	6,000.00
10	グランドベリー州立大学	6,000.00
10	ファインドレイ大学	6,000.00

NCAA2部リーグのMAW基金提供ベスト10（ドル）

ランキング	大学名	金額
1	ピーチベルトカンフルンス	55,293.61
2	ペンシルバニア州アスレチックカンファレンス	43,400.65
3	サンシャイン州カンファレンス	36,496.58
4	グレイトレイクインターカレッジエートアスレチックカンファレンス	30,422.54
5	サウスアトラチィックカンファレンス	28,133.48
6	パシフィックフウエストカンファレンス	25,912.66
7	カリフォルニアカレッジエートアスレチックカンファレンス	25,795.79
8	イーストコーストカンファレンス	21,104.48
9	ガルフサウスカンファレンス	20,935.09
10	グレイトレイクバリーカンファレンス	20,659.67

盟大学は2003年より、MAWの活動の資金支援として募金活動を行っており、学生アスリート、コーチ、体育局職員、関係者の家族やファンなどが協力し、これまで350万ドルの基金を集め、470人以上の難病の小児患者の夢の実現に当ててきた。2013年シーズンでは総額56万7,778ドルが集められ、約70人の難病の子どもの支援に使われていて、前年よりも5万ドル（2012年度は51万7,465ドル）多く集めたことになる。北ジョージア大学とバリー大学は年間2万ドル以上の基金を集め、ピーチベルトカンファレンスは、リー

グ単位として5万ドル以上の基金を集め、MAWに提供している。この年北ジョージア大学女子ゴルフチームには、12歳の時に心臓移植を経験し、メイク・ア・ウィッシュの支援を受けたリアン・ノーベル（2014年3月死去）と、同じくメイク・ア・ウィッシュの支援を受け、白血病を克服したブリジット・サンディが所属していた。難病の子どもの夢の実現は、自分の生きる希望だけでなく、他の難病の子どもを支援する側になることも少なくない。

　2014年にはアメリカ国内だけで25万人の難病の子どもの夢を実現してきた。全米中の小さな善意が、生きる希望の光となっているのである。スポーツで活躍する姿を見せるだけがアスリートの仕事ではない。自らその現場で、必要とする支援に汗を流してこそ、真のアスリートと言えよう。

介護予防運動の活用

　繰り返すが、アメリカではスポーツ界の社会貢献は、スポーツ活動を離れたところで、社会のニーズに会った支援を展開している。小児病院の子どもの患者の支援、ホームレスの炊き出し、低所得者の住宅建設支援、子どもの教育支援、受刑者の社会復帰のサポートなど、地域地域の問題解決への貢献が主なものだ。日本ではスポーツ振興、特に子どものスポーツ教室を実施し、トップアスリートを派遣することなどが社会貢献のモデルケースとされる。少子高齢化で子どもの数が減少する中、各スポーツ競技団体も、いかに子どもの関心をスポーツに向けるかが大きな関心事になっている。しかしそのためのスポーツ教室をすることが、果たして社会貢献と言えるのだろうか。つまりこれはスポーツ界にとって次の世代の発掘と育成、つまり組織の利益になるための行為である。もしスポーツを通じて社会貢献を考えるなら、競技のためではなく、純粋に国民の健康促進の立場に立つべきであろう。それは子どもが心身とも健全な成長をサポートすることも必要だが、少子高齢化のもう一方、つまり高齢化の健康の方にも目を向けてみてはどうだろうか。今日本は医療費や介護費の支出・負担を如何に軽減するかが大きな問題となっている。いいかえれば高齢者の医療や介護費を抑制するために、例えば介護

予防運動の啓発や、プログラムの実施をスポーツ界が率先して行うこともあっていいだろう。2020年東京オリンピック・パラリンピックに向け、施設建設や選手の育成には多額の資金が必要になる。その財源は国民の税金が主なものとなる。国の借金が1,000兆円を超え、一つのスポーツ施設建設に2,500億円を投じることは大きな社会問題となる今、国民の血税はより慎重で無駄のない使い方が求められている。スポーツ界は今あるリソースを使い、いかに資金を確保していくか、自らの工夫と社会的意義を見つめ直す必要があろう。

　大きな視野に立って、年々増えている医療費や介護費の負担を軽減させるために、スポーツや運動を医療や福祉の現場に組み入れ、それによってスポーツ界も資金の活用を図るのだ。厚生労働省の介護保険事業状況報告によると、2013年度の要介護認定者数が前年度より23万人多い584万人、給付費は前年度より3,580億円多い8兆5,121億円（利用者負担を除く）である。2025年ごろには要介護者の大幅な増加が予想され、それにかかる介護保険給付費は19兆円を超えるという。和歌山県は要支援・要介護認定率が20.7％（全国平均16.9％）と全国で3番目（平成23年3月末）に高く、高齢者率も全国3位と、様々な高齢者サービスの負担増は、地方自治体の存続にもかかわる大問題である。ここで注目すべきは、スポーツや運動を活用して、介護予防につなげたり、国民の健康な社会生活を送る手助けをスポーツ界が担うことである。アスリートがその担い手になるということだ。

　活用できる先進事例として、和歌山大学の本山貢教授が介護予防に効果的な運動プログラム"わかやまシニアエクササイズ"を開発し、2004年より2010年まで、3ヵ月間の運動教室を1教室として合計507教室にプログラムを実施し、合計10,137名がプログラムに参加した。2010年には介護認定の状況について、プログラムに参加した1821名を対象に追跡調査したところ、"わかやまシニアエクササイズ"を集団で継続して行っているグループの介護認定率を1にすると、集団ではなく単独で運動を継続しているグループの介護認定率は2倍に増加、運動を継続できず中止したグループで

は4.5倍となり、介護認定率に大きな開きが生じているという。このことから、継続的に集団でのプログラム参加が、介護予防に最適であるという結果が出たのである。

　スポーツ界が中心となり、将来的に負担が増え続けていく介護費の問題に向き合い、少しでもその負担を減らしていくことに貢献できれば、スポーツ振興について国民の理解も得られるであろう。また、核家族化が進んできた日本において、世代間コミュニケーション、特に若者と高齢者とのつながりを持つことも、お互いの生き方に良好な刺激をもたらしてくれることが期待できる。

2　次世代への貢献

　学生アスリートの取り組む社会貢献で、特に力を入れているのは子どもの教育支援だが、それ以外でも常に次の世代への支援にかかわることを重要視し、具体的な行動を起こしている。ここでは子どもの支援について、大学ごとの特徴的な取り組みについて紹介しよう。

ワシントン大学の事例

　ワシントン大学アメリカンフットボールチームは、毎年5月にシアトルの小学校を訪問し、教育の大切さを子どもに伝え支援する活動"Blitz the Sound"を実施している。過去には絵本の読み聞かせを携帯電話会社ベライゾン社、コーヒーチェーン店スターバックス社などの協力で行ってきた。

　プロスポーツと並んでシアトル市で人気のあるワシントン大学のスポーツチームの選手が小学校にやってきて、「スポーツでうまくなりたかったら、まず勉強をすることが大事だよ！」と教えるのである。学生アスリートが文武両道を実践することで、子どもたちの良き模範となるのである。

第4章　地域社会への貢献　●——125

小学校でブリッツ・ザ・サウンズプログラムを支援するワシントン大学エースランニングバックのビショップ・サンキー（現 NFL テネシー・タイタンズ）

ワシントン大学ブリッツ・ザ・サウンド

　また病気の子どもの支援として、長年小児病院の慰問活動を行ってきた。1996年からは、訪問してきた病院の子どもたちを公式戦のホームゲームに招待する活動 "Lucky Dawgs Team Captain Program" を行っている。単に試合へ招待するのではなく、試合当日はチームキャプテンとして、コイントスに参加する機会も作っている。これは96年当時の4人（K-1格闘家ボブ・サップもキャプテンの1人）のキャプテンの1人ジョン・フィアラの発案で、難病患者の支援活動団体のNPOメイク・ア・ウィアッシュや地元テレビ局キング5との連携で始まった取り組みである。
　難病の子どもの支援と小学生の教育支援は、ワシントン大学アメリカンフットボールチームの社会貢献の2本柱といえる。

ジョージア工科大学の事例——————————————
　ジョージア工科大学では地元のNPOとの連携で、さまざまな取り組みを行っている。その中で特に注目すべきは中高生のライフスキル支援である。先にも述べたように、ジョージア工科大学のあるアトランタ市は、アメリカ国内で最も犯罪の多発する、治安の悪い町のひとつである。犯罪の温床とな

ジョージア工科大学バスケットボールチームがアトランタ市内の児童施設を訪問し、おもちゃのプレゼントと10,700ドルの寄付を行う。

る要因は、貧困や失業といった経済格差によるものが大きく、その結果子どもの教育にも悪影響を及ぼしている。特にアメリカでは中高生の学力低下や不登校、そして若者の非行へとつながりやすい要素について、対策が求められている。アトランタにある"Bright Future Academy"は、主に中高生の世代を、暴力行為、未成年妊娠、違法薬物、育児放棄といったリスクから守るため、さまざまなプログラムを提供している。そこでのメンターの役割をジョージア工科大学の学生アスリートが担っているのである。

　アメリカでは家族で誰ひとり大学へ進んだ者がいない家庭の比率が高い。アトランタ市は1996年オリンピック以降、経済発展が目覚ましく、好景気に沸く半面、経済格差は広がっている。コカコーラ、CNN、デルタ航空といった世界的な企業が本社を構えるアトランタ市にとって、誠実で有能な人材を育成することは、最重要課題といえる。ジョージア工科大学のような、世界的に評価の高い大学もあり、高等教育に至るまでの教育と、人間形成を兼ね備えた教育プログラムを低年齢の世代へ普及することが重要である。ジョージア工科大学の学生アスリートは、そのベースとなるトータルパーソンプロ

グラムを習得するが、"Bright Future Academy"では、学生アスリートが子どもたちのメンターとなって、子ども版となるプログラムを子どもたちにシェアしているのである。

　ホームレス支援でも、特に子どものホームレス施設の支援に力を入れている。アトランタ市には約1万3,000人のホームレスが生活しており、そのうち約2,500名は未成年者である。多くは経済的な理由を背景としているが、家庭内暴力によってホームレスとなっている子どもも含まれている。1986年以降約8,000名がアトランタ市の子どもホームレス施設を利用してきた。ジョージア工科大学の全学生アスリートたちは募金活動を行い、また未使用のおもちゃの提供を求め、それらを施設の子どもへ届ける活動を行っている。

プロアスリートの取り組み

　シアトルマリナーズが取り組む教育支援プログラム"D.R.E.A.M Team Assembly Program"は、子ども版ライフスキルにあたるものである。DはDrug Freeでは違法薬物防止を意味し、RはRespectでスポーツマンシップにおける尊敬を意味する。EはEducatonで教育、特に読書力をつけることを奨励している。AはAttitudeで姿勢を意味し、MはMotivationでやる気を意味する。この5つの要素をもって、子どものライフスキル教育を支援している。毎年春の終わりに全選手、コーチたちがシアトル市周辺の小学校（シーズン中なので車で30分以内にスタジアムへ戻れる距離）を訪問し、D.R.E.A.Mについて子どもたちに選手たちの考えを披瀝している。またシーズンオフにはキャラバン隊を結成し、3週間かけてワシントン州のシアトルから遠方の町の小学校を訪問し、D.R.E.A.Mと同じプログラムの提供を行っている。

　2014年の活動では、チームのエースで2010年サイヤング賞投手のフェリックス・ヘルナンデスが、子どもたちに読書の奨励を行っている。特に夏休みにも週2冊本を読むことを強く求めている。また同じ日に別の小学校を訪問した日本人選手の岩隈久志投手は、RのRespectに焦点をあて、相手を思いやることを奨励した。

右手で指を二本だして、小学生に夏休みでも週2冊本を読むことを強く求めるヘルナンデス（シアトル・マリナーズ提供）

　ヘルナンデスはその後いじめ撲滅活動も開始し、学校、家庭と連携して、さまざまなアプローチを提供している。特にD.R.E.A.MのRに関するアプローチが有効で、人のいい点を見つけ出し、それを共有することを奨励している。

高校スポーツの社会貢献

　アメリカで大学スポーツは、プロスポーツに匹敵するくらいの人気があり、ビジネス的にも大きなマーケットとなっているが、高校スポーツとなると、地道なボランティアスタッフの力を必要とするところが多い。活動資金もテレビ放映やチケット収入など、プロや大学スポーツのような大きな収入源もない。よってさまざまなチャリティの支援も必要となる。またチームで地域のニーズに合う取り組みに参加して、資金調達を行う場合もある。例えば夏休みに小学生のサマーキャンプを企画し、参加費をシーズン中の活動費にすることもある。例えばアメリカでは13歳未満の子どもが一人でいること、それがたとえ家の中であっても一人になることは、多くの州で法律違反となり、親が罰せられることが一般的だ。学校の登下校も多くは親が学校まで送

第4章　地域社会への貢献　●──129

り迎えするか、スクールバスの停留所までの送り迎えをすることが、親の義務とされている。日本のように登下校を子どもが一人ですることは許されないのである。通常学校のある期間は授業時間帯に親が仕事をすることができるが、夏休みなど長期休暇に入ると、日中は子どもが家に一人になるので、それは法律上許されないのである。したがって長期休暇中であっても、何らかの教育機関に預けることになる。そこで活用されるのがスポーツを使ったプログラムである。それも単なるスポーツ教室ではなく、ライフスキルやスポーツマンシップを活用したプログラムは、子どもの人格形成にとってたいへん有効であり、親からも好評を受けている。

シアトルにあるチーフ・シールス高校バスケットボールチームは、毎年夏休みに地域の小学生を集め、1週間(月曜日 - 金曜日)朝9時から夕方4時まで、バスケットボールを活用したライフスキルプログラムを提供している。対象は小学生と中学生で、基本編(小学生と中学生対象)は145ドル、中学生のみの上級編は195ドルとなっている(食事と保険は別途個人負担)。提供される内容は、バスケットボールの基本ドリルと、ライフスキルとして学校教育での成功と社会生活に必要な能力開発として、努力、誠実、自己規律などを基にしたプログラムが用意されている。

2013年で16年目となるバスケットボールとライフスキルのサマーキャンプは、バスケットボールとライフスキルプログラムを通して、子どもたちがバスケットボールの能力を育成すると同時に、スポーツ以外の分野に進んでも成功できるよう、プログラム化されている。バスケットボールチームでは、留年することなくすべての選手が高校を卒業し、2001年以降で54人中51人が大学進学をしている。自ら文武両道を実践し、子どもたちの模範となる高校生にとって、子どものライフスキルプログラムの指導役となっていることで、自らの責任の自覚を促すことにもつながっており、このプログラムが子どもと高校生双方に恩恵が出てくる内容となっている。

大阪市内で実施している D.R.E.A.M Team Assembly Program

日本での活用事例

　2014年より大阪市内の小学校で、シアトルマリナーズの"D.R.E.A.M Team Assembly Program"の提供が始まった。毎月2回、放課後授業の中で行われている。小学生低学年が多いため、D以外の内容で毎回違ったテーマを取り上げて行われている。Eの読書力をつけることについても、パワーポイントを活用し、扱うテーマごとに手製の絵本を作ったり、実際の絵本をプロジェクターで映すようにすれば、読み聞かせの効果もあげることができる。

ニューウェーブ・マーケティングとは

　シアトルマリナーズの地域貢献マネージャーのショーン・グランドレイ氏によると、地域貢献活動と企業との連携はとても重要で、企業が地域貢献をするアスリートを支援することには、宣伝広告とは違った意味合いがあるという。これまで D.R.E.A.M Team Assembly Program は、マイクロソフト社が支援し、他にもニコン社がデジタルカメラを提供し、マリナーズが取り

組む子どものプログラムに活用されている。またDV被害者の施設支援では携帯電話のベライゾン社が協力を行っている。このようにアスリートの社会貢献を後方支援することは、それぞれの企業にとっても社会的な評価を得る契機となる。近年CSR（corporate social responsibility：企業の社会的責任）として社会のために尽くす企業の姿勢がたいへん重要視されている。日本でもホテルやレストランによる食品偽装など企業の倫理が問題となっている折りからも、従来の企業の在り方を問い直し、単に自社の利益を追求するばかりでなく社会のために貢献することが求められている。企業の信頼や価値を示す取り組みとして、CSRを進化させたCSV（Coporate Social Value）を確立させることはたいへん重要なキーワードと言える。不正をしないということにとどまらず、社会のためになることに取り組み、またNPOなどの活動支援も積極的に行う企業文化が根づけば、不正の温床もなくなるのである。現代の消費者の志向を受けて、企業も健全な風土と体質を備えることで価格・品質以外の消費者の期待に応えて販売促進を図る、このような流れをニューウェーブ・マーケティングという。

第5章

リーダーシップ

――アメリカ大学スポーツにおける指導者像――

1 サラリーから見えるコーチの価値

　アメリカの大学スポーツの指導者の給料から、その価値を考えるにあたり、まずは身近な日本のスポーツ指導者がどの程度の給与を得ているのかみてみよう。現在サッカー日本代表監督を務めるヴァヒド・ハリルホジッチ氏は、推定年俸200万ユーロ（日本円で約2億7,000万円）の2年半契約との報道があった。読売ジャイアンツの原辰徳監督は推定年俸3億円の2年契約である。これらは日本のメジャースポーツの指導者の年俸の目安となるだろう。

　それではアメリカの大学スポーツの指導者はどうか。アメリカの大学は大きく分けて州立と私立がある。州の職員の中で最も高給な職業を調べてみると、驚くことに州知事や州立大学の学長を押しのけて、州立大学のアメリカンフットボールか、バスケットボールのヘッドコーチであることが一般的である。それも年俸100万ドルを超えるコーチが、数多く存在するのである。ワシントン州で見ると、2014年に年俸100万ドルを超える州雇用の職員は、ワシントン州立大学アメリカンフットボールヘッドコーチのマイク・リーチ氏（275万ドル）ワシントン大学アメリカンフットボールヘッドコーチのクリス・ピーターソン氏（268万6,138ドル）、ワシントン大学バスケットボールヘッドコーチのロレンゾ・ロマー氏（112万9,551ドル）、ワシントン州立大学バスケットボールヘッドコーチのアーネスト・ケント氏（105万1,024ドル）の4名の大学スポーツ指導者であった。

　ちなみにスポーツ指導者以外ではワシントン大学体育局長のスコット・ウッドワード氏の71万8,981ドル、ワシントン州立大学学長のエルソン・フロイド氏の68万9,422、ワシントン州立大学体育局長のウイリアム・ムーズ氏の64万0,053ドル、ワシントン大学新学長のクリストファー・マーリー氏の63万2,442ドル、ワシントン大学学長のマイケル・ヤング氏の60万0,752ドル、ワシントン大学投資最高責任者のキース・ファーガソン氏の59万2,035

ドルで、トップ10は大学関係者で占められた。ワシントン州知事のジェイ・インスレー氏が16万6,000ドルで、17万9,422名の州職員中1,557番目であった。

ヤング氏の前任だったマーク・エマート氏（現NCAA会長）は、ワシントン大学学長の最終年度、年俸が90万5,000ドルであった。その前年の年俸が50万ドルだったことを考えると、ほぼ倍増となっている。これには2004年度からの基金集めに成功（目標20億ドル、結果24億ドル）の成果報酬の意味もあった。大学スポーツにおいて、体育局長がその運営資金の調達が第一の仕事であるように、大学のトップもその運営資金の調達こそ、最大の使命であり、成果報酬の源でもある。

州が雇用する職員報酬の中で際立って高額な大学スポーツの指導者の年収は、大学スポーツが独立採算制で得た資金であり、大学本体の収入（学費や研究や教育で大学が受け取る公的な補助金）からの資金は一切使われないことが、最大の要因である。前述のようにもし学費など大学本体の資金をスポーツに使えば、一般学生や教職員からの非難は免れない。大学はそもそも教育と研究をする場所だからである。

大学運営における学長の職務のうち、最も重要な使命は資金集めにある、

大学バスケットボール年俸ランキングトップ10（2013年シーズン USA Today 発表、ドル）

ランキング	大学	リーグ	ヘッドコーチ	年俸	大学区分
1	デューク大学	ACC	マイク・シャシェフスキー	9,682,032	私立
2	ルイビル大学	AAC	リック・ピティーノ	5,758,338	州立
3	ケンタッキー大学	SEC	ジョン・カリパリ	5,511,381	州立
4	カンザス大学	Big 12	ビル・セルフ	4,960,763	州立
5	フロリダ大学	SEC	ビリー・ドノヴァン	3,905,964	州立
6	ミシガン州立大学	Big Ten	トム・イッゾ	3,893,954	州立
7	UCLA	PAC-12	スティーブ・アルフォード	3,473,973	州立
8	オハイオ州立大学	Big Ten	サド・マッタ	3,282,000	州立
9	メンフィス大学	AAC	ジョシュ・パストナー	2,650,000	州立
10	アリゾナ大学	PAC-12	ショーン・ミラー	2,627,806	州立

といわれている。そして大学スポーツを取り仕切る体育局長も、大学学長同様に運営に必要な資金集めが重要な課題である。大学全体の最高責任を負うこの２つの職業が高い収入を得るのは当然といえようが、それらをはるかにしのぐ大学スポーツの指導者の価値とはいかなるものか。大学スポーツの指導者の在り方について考えるにあたり、バスケットボールとアメリカンフットボールの指導者の年俸の高さについてさらにみていこう。

大学バスケットボールコーチの年収————————————————

まずは大学のバスケットボールコーチの収入についてみてみたい。年俸ランキングトップ 10（2013 年シーズン USA Today 発表）は前頁表のとおりである。

デューク大学のマイク・シャシェフスキー氏が 968 万ドルでトップとなっているほか、ベスト 10 まではすべて 260 万ドル以上になっている。ちなみにシャシェフスキー氏の年俸は前年に比べ 244 万 8,056 ドル増となっている。シャシェフスキー氏の増収分が、ほぼ 14 位のオクラホマ州立大学のトラビズ・フォード氏の年俸分に匹敵する額だ。そのほか 35 位人までが年俸 1 ミリオン（100 万）ドル以上の収入を得ている。

大学アメリカンフットボールのコーチの「価値」————————————

第 1 章でも紹介したように、アメリカンフットボールは NCAA の 1 部リーグに、私立・州立を合わせて 125 大学が所属している。その中でトップのアラバマ大学ヘッドコーチのニック・セーバン氏の年俸は 730 万ドルである。以下ベスト 20 をリストアップした（コーチホットシートより）。

注目すべきは、20 大学中私立大学はたった 4 大学で、16 大学は州立大学であることだ。年俸 500 万ドル以上が 4 名、400 万ドル以上が 15 名、300 万ドル以上が 34 名、200 万ドル以上が 63 名、1 ミリオン（100 万）ドル以上が 80 名である。また 127 校に所属するコーチの 47 人が年俸 100 万ドル未満だった。トップ 7 大学まではすべて州立大学である。

大学の収入ランキングでトップ 10 に入る大学は、すべてコーチの年俸ラ

大学フットボールコーチ年俸トップ20（ドル）

	コーチ名	大学名	年齢	リーグ	年俸	Type
1	ニック・セーバン	アラバマ大学	63	SEC	7,300,000	州立
2	ジム・ハーボー	ミシガン大学	52	Big Ten	5,250,000	州立
3	チャーリー・ストロング	テキサス大学	54	Big 12	5,000,000	州立
3	ケビン・サムリン	テキサス農工大学	50	SEC	5,000,000	州立
5	アーバン・マイヤー	オハイオ州立大学	50	Big Ten	4,800,000	州立
6	ボブ・スツープス	オクラホマ大学	54	Big 12	4,750,000	州立
7	レス・ミルズ	ルイジアナ州立大学	61	SEC	4,500,000	州立
8	アート・ブライリス	ベイラー大学	59	Big 12	4,250,000	私立
8	スティーブ・サーキージャン	南カリフォルニア大学	40	Pac 12	4,250,000	私立
10	カーク・フェレンツ	アイオワ大学	59	Big Ten	4,000,000	州立
10	ガス・マルザーン	オーバーン大学	49	SEC	4,000,000	州立
10	ジェームズ・フランクリン	ペンシルバニア州立大学	42	Big Ten	4,000,000	州立
10	ブライアン・ケリー	ノートルダム大学	53	Ind.	4,000,000	私立
10	スティーブ・スパリア	南カロライナ大学	69	SEC	4,000,000	州立
10	ジンボー・フィッシャー	フロリダ州立大学	49	ACC	4,000,000	州立
16	マーク・ダントニオ	ミシガン州立大学	58	Big Ten	3,700,000	州立
17	マイク・ガンディ	オクラホマ州立大学	47	Big 12	3,500,000	州立
17	ギャリー・パターソン	テキサスクリスチャン大学	54	Big 12	3,500,000	私立
17	ボビー・パトリノ	ルイビル大学	53	ACC	3,500,000	州立
20	クリス・ピーターセン	ワシントン大学	50	Pac 12	3,400,000	州立
20	マーク・リッチ	ジョージア大学	54	SEC	3,400,000	州立

ンキングでも上位に来ている。高額年俸を支払う資力が大学になければ、優秀な指導者の雇用は実現不可能だが、それにはリーグの経済的なパワーも重要である。特に大学の収入源の大きなウェイトを占めるテレビ放映権はリーグが握っており、そこからの分配金により、リーグ間で大学の収入の格差も出てくる。特に最近はリーグの肥大化が進んでおり、有力リーグとそうでないリーグでは、大学間での収入格差が拡大している。当然優秀な指導者を雇用するだけの資金を持つ大学とそうでない大学の格差も、所属するリーグによって違ってくる。

しかし、どのリーグに所属しない独立校でも、アメリカンフットボールをはじめ多くのスポーツで活躍することはできる。ノートルダム大学のように優秀な指導者（アメリカンフットボールヘッドコーチ、ブライアン・ケリー／年俸400万ドルなど）を雇用できる資金力があればよいのである。大学スポーツの評価の明暗をわけるコーチの価値は、いってみれば大学の資金力のバロメーターであるといえる。逆に言えば、コーチの実績はチームの成績によって評価され、チームの成績は大学のスポーツの運営費を左右する。それほどにコーチの存在は大きいと見なされているのである。

契約の詳細はどうなっているのか――――――――――――――――――

アラバマ大学のアメフトコーチ、ニック・セーバン氏の契約内容を見てみよう。ベースになるのは年俸690万ドルで、8年契約になっている。内訳は基本給の650万ドルが固定で、40万ドルは成果によるボーナスになる。それ以外に追加で最大70万ドルのインセンティブボーナスが加わる。また詳細は不明であるが、大学がコーチ専用車のローンを負担する、地元のゴルフクラブのメンバーシップ費を負担するなど、さまざまな福利厚生もあるという。一般的に成果ボーナスには大きく分けて、スポーツでの成果と学業の成果の2つがある。スポーツでの成果はリーグでの成績（地区制覇とリーグ制覇）、ポストシーズンでの成績（出場したボウルゲームのクラスとその結果）、そして全米制覇など細かく分類されている。学業についてはGPAの成績や卒業率、APRの達成度で変わってくる。以前リーグ制覇を果たしたオハイオ州立大学ヘッドコーチのジョン・クーパー氏が解任された際、その要因の1つは、卒業率の低下だったといわれている。

アラバマ大学アメリカンフットボールチームにはセーバン氏以外に9名のアシスタントコーチがいるが、その合計年俸は520万ドル（ボーナスを含まない）である。カービー・スマート氏の130万ドルがアシスタントコーチの最高年俸で、この額はヘッドコーチのランキングでは72位に値する。スマート氏は契約期間を1年延長され、2017年まで務めることとなっている。

成績不振により契約期間途中でもコーチを大学側が解雇するケース、もしくは他大学からの引き抜きでコーチ側が契約を解除することがある。前者の場合、たとえば5年契約の3年目で解雇なら、4年目の基本給は支払われることになるのが一般的な契約である。また引き抜きによる契約解除は、引き抜いた大学が違約金を支払う場合がある。2014年からテキサス大学へ移籍したチャーリー・ストロング氏の場合、テキサス大学は年俸500万ドルに加え、引き抜き料としてルイビル大学へ437万5,000ドルを支払っている。2013年12月にワシントン大学と契約したクリス・ピーターセン氏（当時ボイジー州立大学ヘッドコーチ）の場合、ワシントン大学はピーターセン氏の契約を買い上げるため、ボイジー州立大学に75万ドルを支払っている。

　ピーターセン氏の契約内容は次のとおりである。5年契約で、基本年俸総額1,800万ドル、毎年20万ドルずつ昇給し、最終年では基本年俸額は400万ドルになる。アメリカンフットボールのチーム成績によるインセンティブボーナスはリーグ優勝決定戦進出で5万ドル、リーグ優勝で10万ドル、通常のボウルゲーム出場で7万5,000ドル、アラモ、もしくはホリデイボウル出場で15万ドル、プレーオフトーナメント以外のCFPボウルゲーム出場で30万ドル、全米王座決定プレーオフトーナメント進出で40万ドル、決勝戦進出で45万ドル（敗れた場合も含む）、優勝すれば50万ドルである。また、学業成績のインセンティブは、APR950点で5万ドル、960点で7万5,000ドル、970点で12万5,000ドルとなっている。ウェイトの高いのはあくまでもアメリカンフットボールの業績評価であるが、学業でも高いインセンティブが設けられている。学業成績が達成できなければ、選手の活動が制限されるのは、前にも触れた。たとえばGPAや単位数で目標達成できなければ、選手個人も練習や試合に出場できないし、APRの点数によっては重要なリーグ戦後の全国大会への出場ができなくなる。つまり、コーチのインセンティブもまた、選手が学業とスポーツの両方で実績をあげたうえで与えられるのであり評価は密接にリンクし、コーチのインセンティブでも偏った形にはなっていないのである。

プロスポーツとコーチを共有する大学スポーツ

　大学のバスケットボールやアメリカンフットボールの指導者が年俸100万ドル以上と聞くと、NFLやNBAはどうなのだろうと感じるかもしれない。しかし実は、アメリカンフットボールの場合、コーチ職のマーケットは大学もプロも同じである。たとえば大学最高年俸アラバマ大学のニック・セーバン氏の前職は、NFLマイアミ・ドルフィンズのヘッドコーチだった。またNFLフィラデルフィア・イーグルス現ヘッドコーチのチップ・ケリー氏の前職は、オレゴン大学のヘッドコーチだった。2013年スーパーボウルを制覇したシアトル・シーホークスヘッドコーチのピート・キャロル氏の前職は南カリフォルニア大学のヘッドコーチ、昨年まで名門サンフランシスコ49ersのヘッドコーチだったジム・ハーボー氏の前職は、スタンフォード大学のヘッドコーチだった（2015年よりミシガン大学ヘッドコーチ）。つまり、NFLと大学のアメリカンフットボールコーチは、同じレベルの能力をターゲットとするカテゴリーにあるということになる。

　ジョージア工科大学の体育局改革や、学生アスリートの人格形成プログラムのトータルパーソンプログラムを完成させたホーマー・ライス元体育局長の前職は、NFLシンシナティ・ベンガルズのヘッドコーチであったが、その前には名だたる大学のヘッドコーチを歴任している。しかも特にジョージア工科大学体育局長就任直後、NFLで最も人気の高いダラス・カウボーイズの名将トム・ランドリー氏から、アシスタントコーチに誘われてもいる。ライス氏はプロフットボールの選手経歴はないが、MLBブルックリン・ドジャーズでプレーしたことがある。

　トップレベルの大学だけでなく、2部リーグクラスの大学のコーチが、NFLに誘われることもある。たとえばカリフォルニア大学デービス校の元ヘッドコーチのジム・ソコア氏は、デービス校からのヘッドコーチ要請を受けたとき、同時にNFLで当時最強と呼ばれたオークランド・レイダースのヘッドコーチジョン・マッデン氏（1977年スーパーボウル制覇の名将）から、

ランニングバックコーチの誘いを受けている。ちなみにライス氏、ソコア氏ともNFLでの選手経験はない。プロでの選手経験がなくても、多くの優秀なコーチが育って、NFLでその手腕を発揮しているのである。

2013年にスーパーボウルを制覇したシアトル・シーホークスのピート・キャロル氏は、プロ選手の経験はなく、またアメリカンフットボールで有名な大学出身者でもない。フィラデルフィア・イーグルスのチップ・ケリー氏、アラバマ大学のニック・セーバン氏も同様である。オハイオ州立大学のアーバン・マイヤー氏は、高校卒業後に進んだ道はMLBだった。アトランタ・ブレーブスにドラフト13位で入団。2シーズン後野球を引退し、シンシナティ大学でアメリカンフットボールに進んだ。

また、大学での選手経験すらないコーチが、1部リーグのヘッドコーチをしているケースもある。ワシントン州立大学のマイク・リーチ氏、前ネバダ大学ラスベガス校のボビー・ハウック氏、ジョージア工科大学のポール・ジョンソン氏、デューク大学のデビッド・カットクリフィー氏、中央フロリダ大学のジョージ・オレリー氏、カンザス大学のチャーリー・ウェイス氏、ミシシッピー大学のヒュー・フリーズ氏である。以前NFLマイアミ・ドルフィンズに車いすのコーチがいた。ダグ・ブレヴィンズ氏だ。生まれながらに脳性麻痺のため車いすでの生活しかできず、一度も自分の足で歩いたこともない方が、NFLでボールを足で蹴るキッカーのコーチになった。コーチとしての能力は、必ずしもその競技での選手経験によるものではなく、自身が経験しなかったことでも、地道な学習とコーチとしてのインターン（OJT）などの経験、そして選手との信頼関係に裏付けられたコミュニケーション能力が、何よりも重要なこととして問われるのである。そうした能力が素晴らしい成果を生み出し、年俸の高さに現れるのである。

2　コーチ哲学

　コーチングにおいて最も重要なことは、コーチ1人1人が哲学を持つことである。そしてその哲学に沿ってチーム運営を行っていく。コーチ哲学とは建物でいう基礎にあたるものである。基礎のない建物は不安定であり、すぐに崩壊する。スポーツ指導者も哲学がなければ、チームは崩壊する。それはスポーツに限らず、組織として活動する上では、いかなる分野においても同じであろう。

　人には1人1人個性があるように、哲学もコーチ1人1人独自のものがある。リーダーが明確な哲学を部下に示すことで、組織の在り方も明確になるのである。哲学を示すことは、健全なチームが育まれる風土、土壌を作ることである。

コーチング・ツリー

　コーチング・ツリーとはコーチの育つ土壌に生える木、つまり優秀なコーチを輩出するコーチングを意味する。元ジョージア工科大学体育局長のホーマー・ライス氏は、優秀なリーダーは、自分がいかに優秀なリーダーになるのかではなく、いかに優秀なリーダをより多く育てるかということに力を注ぐ、と語っていた。優秀なコーチを育む上で、栄養となるのが哲学である。土壌に栄養がない土地では、いくら水をまいてもよい植物は育たない。コーチも同じで、たんにスポーツの技術指導をしても、効果が上がらないことは多々ある。指導方法の問題、選手のやり方の問題など、さまざまな要素があるが、根本的な問題はコーチの哲学にある。ここにいくつかのコーチングツリーの事例をあげてみる。

ジム・ランブライト氏

ドン・ジェームス・コーチング・ツリー―――――――――――――
　ドン・ジェームス氏（元ケント州立大学、元ワシントン大学ヘッドコーチ）のもとでは、現アラバマ大学ヘッドコーチのニック・セーバン氏（ケント州立大学で選手、アシスタントコーチで師事）、現ミズーリ大学ヘッドコーチのゲリー・ピンケル氏（ケント州立大学で選手とアシスタントコーチ、ワシントン大学でアシスタントコーチで師事）、現UCLAヘッドコーチのジム・モラ氏（ワシントン大学で選手、アシスタントコーチで師事）、元ワシントン大学ヘッドコーチのジム・ランブライト氏（ワシントン大学でアシスタントコーチで師事）、元ネバダ大学ヘッドコーチのクリス・トーミー氏（ワシントン大学でアシスタントコーチで師事）、元ワシントン大学ヘッドコーチのキース・ギルバートソン氏（ワシントン大学でアシスタントコーチで師事）などがヘッドコーチとして育っている。
　このツリーに共通するのは、全米制覇を成し遂げる常勝軍団を育む土壌である。ドン・ジェームズ氏はリーグ3連覇を含むリーグ制覇6度、1991年に全米制覇を成し遂げている。そしてその流れを受け継ぐべく、21世紀に入り全米制覇校を最も多く輩出している、全米屈指の強豪リーグであるサウ

スイーストカンファレンス（SEC）に所属するセーバン氏のアラバマ大学とミズーリー大学ピンクル氏は、2014年リーグ制覇をかけて、リーグ優勝決定戦で対戦した。ドン・ジェームズ氏の築き上げた勝者のコーチ哲学は、次世代をリードする二人のコーチ、そしてツリーの多くのコーチたちへと確実に受け継がれている。

アーバン・マイヤー・コーチング・ツリー

アーバン・マイヤー氏（現オハイオ州立大学、元フロリダ大学、元ユタ大学、元ボーリングリーン大学ヘッドコーチ）のもとからは、現ミシシッピー州立大学ヘッドコーチのダン・ミューレン氏（フロリダ大学でアシスタントコーチとして師事）、現ユタ大学ヘッドコーチのカイル・ウィッティンガム氏（ユタ大学でアシスタントコーチとして師事）、現テキサス大学のチャーリー・ストロング氏（フロリダ大学でアシスタントコーチとして師事）、現ボストンカレッジヘッドコーチのスティーブ・アダジオ氏（フロリダ大学でアシスタントコーチとして師事）、現ウィスコンシン大学ヘッドコーチのギャリー・アンダーソン氏（ユタ大学でアシスタントコーチとして師事）、現マーシャル大学ヘッドコーチのドク・ホリデイ氏（フロリダ大学でアシスタントコーチとして師事）、現北テキサス大学ヘッドコーチのダン・マッカーニー氏（フロリダ大学でアシスタントコーチとして師事）、現インディアナ州立大学ヘッドコーチのマイク・サンフォード氏（ユタ大学でアシスタントコーチとして師事）、元ボーリングリーン大学ヘッドコーチのグレッグ・ブランドン氏（ボーリングリーン大学でアシスタントコーチとして師事）、元トレド大学ヘッドコーチのティム・ベックマン氏（ボーリングリーン大学でアシスタントコーチとして師事）などが育っている。

このツリーには文武両道と社会への奉仕の精神の流れが受け継がれている。フロリダ大学（TIMES誌大学世界ランキング125位）時代には卒業率100％を達成し、GPAもチームの60％が3.0以上を取得するなど、学業でもトップレベルを維持しながら3年間で全米制覇2度を成し遂げている。またチームの社会貢献を年間400時間以上行っていた。

マイヤー氏は2012年よりオハイオ州立大学へ移動。初年度はNCAAの規約違反の制裁期間中（前任者の違反行為）であるにもかかわらず、12勝無敗でシーズンを終えた。フロリダ大学在任中2度の全米制覇を成し遂げた優勝請負人に、名門チームの不祥事の清算という大きな使命も加わっているが、チームの再建を成し遂げ、2014年にみごと全米制覇を成し遂げている。

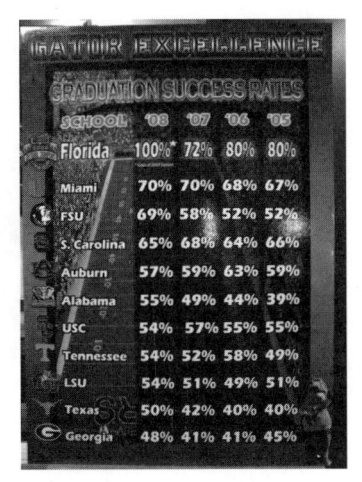

2008年のフロリダ大学アメリカンフットボールチームの卒業率表

ジム・ソコア・コーチング・ツリー──

　1部リーグの強豪大学で育まれたコーチング・ツリーはほかにもたくさんあるが、注目すべきは2部リーグで、素晴らしい指導者が育まれるコーチング・ツリーがあるということだ。、カリフォルニア大学デービス校（以後UC Davisと表記）がそれにあたる。1970年よりヘッドコーチに就任したジム・ソコア氏は、退任する1988年までの間に、その後に指導者として大成する選手・コーチを多数輩出している。現ワシントン大学ヘッドコーチのクリス・ピーターセン氏（UC Davisで選手、アシスタントコーチで師事）、元南カリフォルニア大学ヘッドコーチのポール・ハケット氏（UC Davisで選手、アシスタントコーチで師事）、元オレゴン大学でヘッドコーチのマイク・ベロティ氏（UC Davisで選手、アシスタントコーチで師事）、元コロラド大学ヘッドコーチのダン・ホーキンス氏（UC Davisで選手、アシスタントコーチで師事）、そして他の大学卒でソコア氏のアシスタントを経て一流のコーチとなった現テキサスクリスチャン大学ヘッドコーチのゲリー・パターソン氏がいる。

　このツリーからは、選手としての実績が必ずしもコーチの資質とマッチするわけでことはないということがうかがえる。特にマイク・ベロティ氏は1990年代後期から2000年代初頭、リーグの下位に低迷し続けていたオレゴ

2014年シーズンよりワシントン大学を率いるクリス・ピーターセン氏

ン大学を全米屈指の強豪大学に引き上げた名将であり、ポール・ハケット氏はQBコーチとしてNFLサンフランシスコ49ersで、伝説の名QBのジョー・モンタナを育て上げた手腕で知られているが、プロでの選手経験はない。大学フットボールの下部リーグの選手が、コーチングを学んだ後NFLの歴史を塗り替える名選手を育て、地方の下位チームを全米屈指の強豪校に引き上げるという手腕、そのコーチングを育む木がUC Davisにある。なお2005年には、UC Davisのコーチング・ツリーから育ったヘッドコーチのボブ・ビッグス氏により、UC Davisが2つ上の1部リーグの強豪スタンフォード大学を敵地で破る大金星も成し遂げられた。

どのツリーにもその土壌を育む独自の哲学が存在している。そして哲学は前の世代から受け継がれるものはあっても、最終的にはコーチ1人1人が独自の哲学を作り上げ、自身のチームビルディングに発展させていくものである。以下、元カリフォルニア大学デービス校アメリカンフットボールヘッドコーチのジム・ソコア氏から、本書に寄せられたコーチ哲学である。

「私はカリフォルニア大学デービス校のアメリカンフットボールチームの

ヘッドコーチ時代に、尊敬、品位、鼓舞、誇り、そして正の強化によってチーム全体における哲学を構築した。チーム内で後ろ向きなもの（例えば人を非難することなど）はすべて排除した。チームの核となる価値としては、信頼、団結、そして連帯感を築き上げていった。チームの結びつきと親近感はとても重要

元カリフォルニア大学アメリカンフットボールチームヘッドコーチ、元体育局長ジム・ソコア

であるが、我々ほど家族のような絆を作り上げたチームはほかになかった。我々は独自の、そして特徴的な方法で、特別なこのチームを作り上げた。それはたった1つのチームルールの設定によるものであった。ヘルメットルールという、強い信念を持った肯定的な基準であった。アメリカンフットボール選手は決してヘルメットを地面につけてはいけない！というものだ。アメリカンフットボール選手にとって、ヘルメットは命を守る最も大切なもので、尊敬と品位を持ってヘルメットを取り扱うべきものである。私がチームに浸透させたことはこの1点にあるのだ。

　選手たちはチームの価値を心に刻み、このルールを守ることにより、チームの価値を心に刻み、勝つための信念がチームに浸透していった。勝利とは選択である。つまり勝つことを選択しない者は決して勝利することはできない。私がヘッドコーチになった1970年、それまで22年間勝ち越すことができず、1915年以来リーグ優勝もなかったチームが、NCAAでも記録的な20年連続リーグ優勝を果たせたのは、我々が勝つことを選択し、そしてそのためにチームのルールと価値を大事にしてきたからである」。

次の世代に期待するもの────────────────────────
　ツリーには次に育ってくる芽がある。たとえばワシントン大学アメリカン

マーカス・トゥイアソソポ

フットボールチームで1999年、2000年の2年間チームキャプテンとして、その後NFLオークランド・レイダーズでQBとしてで活躍したマーカス・ツウィアソソポ氏である。現在南カリフォルニア大学でコーチをしているが、前年はヘッドコーチの退任を受けて、空位の席を臨時ヘッドコーチとして務めた。選手時代はけがで満足に走れない状態であったにもかかわらず、その試合で300ヤードパスを投げた上、200ヤードラン走った最初の選手となり、優勝候補を破る立役者になった。2001年のローズボウル制覇でMVPにも輝いた。

常にリーダーとして歩んできた者にとって、何よりも重要なことは相手の立場に立つことである。つまりServant Leader（奉仕型リーダー）である。学生アスリート時代から培われ続けてきた奉仕の精神は、次世代のリーダーを育くむ大きな要素にもなっているのである。

伝統と文化──────────────

チームの立ち上げでは、その初めのコーチが持つ哲学とそこで育まれたものが、チーム風土となっていく。そしてそれが最初のチーム文化を作り上げていく。しかし文化は時代とともに消えていくものである。その時代に栄えたものが文化となるのであって、次の時代にはその時の担い手が新しい文化を築いていく。しかし、すべてが打ち消されるわけではない。常に受け継つ

ぎ、守る引き継ぐべきものは存在する。それが伝統というものである。コーチはその伝統を尊重しつつ、自身の持つ哲学のもと、新しい風土やチーム文化を作り上げるのである。

伝統でわかりやすいものとして、チームカラーやニックネームがある。アメリカの大学は大学独自にスクールカラーやマスコットを持っている。ワシントン大学のスクールカラーは紫と金（Purple & Gold）である。マスコットはハスキー犬である。そして大学スポーツも大学の一部であるから、当然チームのカラーやマスコットは大学のものと一致する。コーチの好き嫌いでユニホームの色を変えることはできない。もちろん学長であっても、またいかなる理由があっても、大学のスクールカラーやマスコットを変更することはできないのである。

この根本的な原理原則を崩さない範囲で、新しいコーチがスタイルの変更をすることが許される。1999年にあったエピソードを紹介しよう。その年に新しいコーチを迎えたワシントン大学アメリカンフットボールチームは、シーズン最初の試合前日のホテルでのミーティングの際、ミーティングルームにホットチョコレートが用意されていなかったことに、「前日のミーティングでホットチョコレートを飲むことは、わがチームの伝統である！」と選手たちが抗議した。選手の発言を受けて、ヘッドコーチはチーム全員分のホットチョコレートをすぐに注文した。つまり伝統を尊重したのである。

独自の哲学を持つことと文化を築くことは、コーチにとってたいへん重要であるが、組織の伝統を尊重することは、何よりも優先されることなのである。

3　体罰防止とスポーツマンシップ

スポーツの指導者の在り方を考える上で、スポーツマンシップの役割はたいへん重要である。2013年に日本で問題が拡大した体罰についても、スポー

ツマンシップが問題解決の糸口にもなる。ここでは体罰問題を乗りこえていくためにどのような取り組みが必要か、そしてスポーツマンシップはどのように育んでいけばよいのか考えていく。

スポーツに体罰は必要か————————————————————

　スポーツの指導者が行った体罰をみると、そこには指導が目的であったり、懲罰が目的であったりいくつかの理由は考えられる。しかし、その程度にかかわらず、暴力行為は犯罪行為に当たる。それゆえスポーツの指導者、教師、あるいは親であっても、選手、生徒、子どもに対し暴力を伴う体罰を加えることは暴行であり、暴行傷害罪になるのである。ある時期まで学校教育やスポーツ指導の中で、また家庭内における躾として、暴力を伴うことが一定許可されてきたことが過ちである。

　もしアメリカで暴力を伴う指導や懲罰があれば、間違いなく処罰を受けることになる。もちろん暴力をふるう指導者がいないわけではない。2013年にラトガー大学バスケットボールチームのヘッドコーチのマイク・ライス氏が、選手への行き過ぎた暴力的な指導で解雇された。2009年にはカンザス大学アメリカンフットボールチームヘッドコーチのマーク・マンジーノ氏（現アイオワ州立大学コーチ）が、学生アスリートへの度重なる暴言等、虐待行為が発覚し、その後解任。同じく2009年、南フロリダ大学アメリカンフットボールチームヘッドコーチのジム・リーヴィット氏（現NFLサンフランシスコ49ersコーチ）の、選手に対する暴力行為が発覚し、その後解任。また体罰行為ではないが、同じく2009年、テキサス工科大学アメリカンフットボールチームヘッドコーチのマイク・リーチ氏（現ワシントン州立大学ヘッドコーチ）は、脳しんとうを起こした選手へ適切な処置をしなかったことが発覚し、その後解任となった。低迷しているチームを全国レベルに引き上げる手腕がありながら、体罰行為によりその地位を失うことになり、法的な基準を超えれば刑事罰を受けることにもなる。

　アメリカではスポーツの練習の現場に、指導者や選手以外にトレーナーや

医師、場合によっては警官がいるケースもある。また練習ビデオを撮影するスタッフや練習用具係が居あわせることもある上、注目を集めるチームならメディアも取材に来る。それらを合わせると、かなりの目が練習に注がれている。そこでもし暴力行為があれば間違いなく大問題となるが、こともあろうに試合中に体罰行為が行われたケースがある。2007年に当時ルイジアナ工科大学のヘッドコーチだったデレック・ドゥーリー氏（現NFLダラス・カーボーイズコーチ）は、試合中に選手のヘルメットを平手でたたいたシーンがテレビ中継で流れ、ファンから解任の声が上がった。2012年にはテキサス工科大学のヘッドコーチだったトミー・ターバビル氏（現シンシナティ大学ヘッドコーチ）は、試合中の選手交代で反則となり、担当のアシスタントコーチの顔を平手でたたいたシーンが中継された。実際には顔を叩いたのではなく、アシスタントコーチが頭につけていたヘッドセットのマイク部分をつかみ取り、かぶっていた帽子が吹き飛んだので、平手でたたいたように映ったものであった。そのことでターバビル氏は行為の釈明に追われ、アシスタントコーチに謝罪、冷静さを欠いた行為を恥じた。

いずれも数万人がスタジアムで観戦しテレビ中継もされる、大人から子どもまで目にする人気スポーツである以上、コーチや選手には社会に対する責任、模範を示す自覚が求められる。日頃から常に社会でどう立ち振る舞うべきかを自問自答した上で、試合のフィールドに立たねばならない。スコアーボードの得点とともにコーチたちの立ち振舞いにこそ、コーチの哲学が如実にあらわれるのである。

試合中の出来事といえば日本でも、2012年プロ野球日本シリーズで同じような出来事があった。日本であれ、アメリカであれ、程度の大小にかかわらず、相手に対する暴力的な行為は、決してしてはいけないのである。

選手は指導者を映す鏡

日本では選手間において、特に年齢による上下関係に関連して、指導者の体罰に似た行為がある。これも指導者による体罰と同様に問題である。指導

者が行っている体罰を与える体質が、選手にも影響を与えていると考えられる。重要なことは、それが未成年者であっても、暴力による支配は、指導者の体罰同様違法行為であり、それを指導者がきちんと選手に教えることである。

　日本では指導者と接する時間よりも、選手同士が接する時間の方が長い。特に学生スポーツでは平日に指導者がいないケースが多く、上級生がコーチの代わりをするケースも少なくない。コーチは自分でできないことでも、理論的に説明しながら指導できるが、選手同士になるとうまく伝えることができないこともある。遊び感覚の罰ゲームを入れた練習も少なくない。実際、野球でバットを使って正座させたり、バットでお尻をたたくなどの行為はよく聞かれる。これらの多くは指導者が日ごろ行っていることを真似ているのか、それとも指導者がほとんど機能していない（平日の多くの時間が選手任せ）かのどちらかである。指導者が正しい姿勢で選手と接し、模範を示すことが重要である。

　NFLマイアミ・ドルフィンズにおいて、選手間でのいじめが発覚した。本人への人種差別的な行為や親族への性的な発言などがあった。多民族国家であり、今も多くの国から移民を受け入れているアメリカにおいて、まだ人種問題は根深くある。隣国からの違法移民も多く、正しい人権教育をしてもなかなか追いついていない。また、人種間差別は経済格差の問題ともリンクしており、すぐに解決できないのが現状である。人権に関する問題は特にスポーツ界が力を入れてきただけに、そのおひざもとでいじめ問題、それも人種差別に根差したいじめが生じているのは、たいへんショッキングな出来事であるといえる。

失敗を認める指導────────────────────

　スポーツの世界における体罰の問題の多くは、行きすぎた精神論に根ざしている場合がある。日本では古来、修行が苦しいほど強い精神を育み、その精神力がすべてを可能にするような考え方がある。選手のまだできないこと

や失敗を、強い「修行」によって精神力を高めれば課題を克服できると錯覚したとしても、暴力は修行ではない。一方で日本には古くから「失敗は成功のもと」という言葉もある。つまり失敗（Mistake）を成長の機会ととらえ、失敗から学び（Learn）、努力（Effort）することは重要な成長の機会ととらえているのである。本来ミスをして受ける罰よりも、そのミスそのものが選手自身にとって一番つらいことなのである。その失敗をいかに前向き（Positive）にとらえるのか、そのためには罰でなく、また飴でもない、自分自身で主体的にミスに向き合う姿勢が必要になる。

　MLBマイアミ・マーリンズのイチローこと鈴木一郎選手は、日米合わせて4,000本以上ヒットを打ったが、そこにはその倍の8,000回の失敗があったのである。野球ではバッターは3割打者は優秀といわれるが、10回中7回は失敗することを意味してもいる。NBAのスーパースターだったマイケル・ジョーダン氏は、「バスケットボール人生で9,000回以上ミスショットをした。300回近く試合に負け、自信を持って投じたウイニングショットを26回失敗した。常に失敗の連続であった。だからこそ人生の成功があったのだ」と語っている。

　偉大なアスリートの記録の陰には、必ず失敗を成長する機会ととらえる姿勢がある。そして重要なことは、その失敗がひとつの契機に過ぎないということで、それを活かすかどうかは本人次第ということである。失敗から学び、努力すること、その継続が成功へと導いてくれるのである。

コーチが示すべき姿勢とは／コーチも走れ！

　コーチがフィールドで指導する際、最も重要なことは常に選手の模範であることだ。山本五十六の名言として、「やってみせ、言って聞かせて、させてみせ、ほめてやらねば、人は動かじ」がある。これをアメリカのスポーツ指導の現場で実践するコーチがいる。2014年までアーカンソー大学でランニングバックを指導し、2015年からNFLニューオーリンズ・セインツに移籍するジョエル・トーマス氏だ。彼はボールを持ってつき走る俊足選手が

練習中も走りながら選手に指導を行うマーカス・ツゥイアソソポコーチ

そろうポジションを受け持ち、選手がダッシュするすぐ後ろを追走し、助言を与える。そして休む間もなく次の選手に同様の指導を行う。年配の指導者も少なくないので、「やってみせ」ということはなかなか難しいが、年齢が高くなっても若いころと同じ動きをしているトーマス氏のような存在は重要だ。もちろんフルスタイルで模範を示すことは、若手コーチであってもけがのリスクは選手以上に大きいため、それをする指導者はアメリカではまずない。しかし練習中はある程度選手と一緒に動きまわることは、奨励されることだ。現在サンディエゴ・チャージャーズでディフェンス・バックを指導するロン・ミルズ氏も、選手に身をもって動き方を示すスタイルを実践している。南カリフォルニア大学でタイトエンドを指導するマーカス・ツゥイアソソポ氏も同様だ。

　練習の移動時などもフィールドを走り回るのがアメリカのスポーツ指導者のスタイルと言えよう。こうした姿勢を示すことは、体罰の土壌を無くし、選手との信頼関係も良好なものとなっていく要因ともなる。

主体性とそのコントロール

　江戸時代、英語が日本に伝わった時に、"Identity"という言葉に該当する日本語はなかった。少し極端な言い方をすれば、日本人は主体的に生きる必要がなく、お上の仰せのままに生きることがすべてであったからだ。「(コーチや上級生に)従わねば上意討ち！」が、現在の日本のスポーツ界では体罰に形を変えて存在しているようにも思える。体罰や上級生のいじめも、江戸時代の「おかみの仰せのままに」を引き継いでいる、そういう土壌はないだろうか。

　スポーツだけでなく、子どものいじめについて見てみると、注目すべきことがある。それは自我(主体性)をコントロールできないことである。本来人は皆違う考えを持ち、そして違う生き方をするものである。その違う生き方、違う考えをした者同士が一つの社会で生活すれば、そこになんらかのストレスが生じるのは当然といえる。しかし、なんらか一方的な力関係によって一方がストレスを感じないような行為、あたかも他人の自我が存在せず自分の自我だけが存在するように行動するとき、そこにはコントロールの必要がなくなる。スポーツでのいじめも、そして指導者が行う体罰も、根っこの部分にあるのは自分の主張を押し通す、無制限な自己主張があるといえる。自分の考えを押し通し、他人の考えを否定するといった事態は、違った考え、生き方を持った者同士がぶつかれば必ず生じるだろう。しかし自分とは違った考えがあることを認めることは社会の基本である。他人を認めることが、正しく自分の主体性を育む上でも重要であろう。

チームビルディング

　チームをまとめる上でも、正しく主体性を活かす教育が重要だ。一方で主体性をみんなが主張するばかりでは、いつまでたってもまとまらない。チームとして一つにならなければ、競技そのものもうまくは進まない。重要な鍵はチームを構成するそれぞれが、どのように違った考えに触れるか、ということだ。それぞれが違った考えに触れることは、摩擦でもあると同時に考え

方や視野を広げる機会でもある。自分には見えないもの、自分では思いつかなかった考えに出会う、つまり考え方や物事を見る視野を広げる機会を与えられているということだ。これを既成概念からの脱却——"(Think Outside The Box")——という。自分の生まれ育った環境から飛び出して、自分の狭い視野を広げるため、他人の考えや生き方に触れることが、人間的な成長へとつながっていくのである。

ただし、他人の考えを丸呑みするのではなく、あくまでも自分で主体的に思考していく必要がある。その中でいいものは良い、悪いものは悪い、という判断力を持つこと。そして受け入れるかどうかは別として、違った考えがあることをまず尊重し、その視点やものの考えを参考にすることは、人としての成長にたいへん役立つのである。信頼関係というものは、互いに他の人の考え方を尊重するなかで育まれていく。それはチームを作り上げていく上で最も重要な要素である。

怒鳴ることでは選手は伸びない

2015年1月12日に全米大学アメリカンフットボール王座決定戦に進んだオレゴン大学は、選手に怒鳴ることをしない指導法をとっている。恐らくオレゴン大学は、全米中で最も笑い声の絶えないフットボールオフィスではないかと、オフェンス責任者のスコット・フロストコーチはフレンドリーなコーチングがチームに浸透していることを自負している。これは前ヘッドコーチのチップ・ケリー氏の時代に、「水平方向型リーダーシップ」を推進したことから始まる。ピラミッド型リーダーシップではなく、チーム全体でリーダーの役割を共有し、チームメンバー全員がそれぞれのリーダーシップを保有していくものである。

新世紀に入り社会も急速に変化している。家族の在り方や子育てもしかりである。新しい時代における躾や規律は、新しいタイプのコミュニケーションの手法が必要となっていく。それはスポーツにおいても同様である。

プレーでミスをしたからといって、いちいち怒鳴りつけていると、選手は

委縮して余計に良いプレーができなくなるのは、日本でもよくあることだ。この手法の最大の問題点は、失敗への恐怖を選手に植えつけることである。日本の体罰問題でも指摘されていることだが、選手がコーチに怒鳴られたり、日本的な体罰を受けると、本来すべきこと（プレー）に集中できず、失敗するとコーチに怒鳴られることに神経を使い、自信喪失に陥ってしまう。

たとえ失敗したとしても、するべきことが理解でき、その準備をしっかりしておけば、あとは成功のプロセスを実行すればよい。失敗すればその原因と問題点をコーチが指摘、修正ポイントを示せばよいのである。自信を持ってプレーに集中していけば、成功はおのずとやってくるのである。コーチが怒鳴るという余計なことで選手の気をそらすことが、選手の成功の足を引っ張ることになっているのである。日本的な体罰や怒鳴るような指導は、結局選手との信頼関係を破壊し、選手の自信を打ち砕き、選手の失敗に手を貸していると自覚することが重要である。ミレニアムジェネレーション（1980年～2001年生まれ）が社会に進出していく時代、スマートフォンやソーシャルメディア（SNS）など、新たなコミュニケーションに影響を受けている世代との関わり方には、職場や家庭でのコミュニケーションの在り方も変わっている。スポーツ指導もその対応が重要となっている。

スポーツ界での体罰や教育の現場のいじめ、職場でのパワハラ、家庭でのモラハラが社会問題化する日本において、今後新しいコミュニケーション能力として、水平型リーダーシップという考え方を用いて、ミレニアムジェネレーションとの円滑なコミュニケーションを構築していくことが重要である。

スポーツマンシップ

スポーツマンシップはスポーツをするときのみならず、市民生活でもたいへん役立つものである。それはシチズンシップと通底している。シップはその場（メンバーシップ、オーナーシップ、パートナーシップ、リレーションシップ）に参加する際、同じ船（シップ）に乗って、ともに行動をする仲間との絆を

意味する。そこで最も重要なことは Respect（尊敬）である。スポーツをする際でも、スポーツをする環境を含めすべての要素に対して、尊敬の念を持つことである。

　個々にその要素をあげてみる。スポーツをするにはルールがある。そしてそのルール(Rule)を取り仕切る審判(Official)がいる。対戦する相手(Opponent)がいて、ともに戦う仲間(Team)がいる。個人戦であってもコーチやスタッフ、そして応援してくれるファンもいる。そして何よりも大事なことは、自分自身（Self）を尊重することである。そしてこれらの頭文字を集めるとROOTSとなる。このROOTSへのRespect（敬意を持つこと）がスポーツマンシップなのである。これはスポーツに参加する際に求められる心構えであるが、参加する前から整えておくことが重要である。それがスポーツ以外の場であれば、その場にある要素に対するRespectを持てば、それもその場でのシップといえる。

　そしてともにスポーツマンシップを持って対戦した後、素晴らしい時間を共有できたなら、試合の勝ち負けにかかわらずともに Victory with Honor（名誉ある勝利）を分かち合ったわけである。この Victory with Honor は、勝った者も敗れた者もともに相手を称え、再び切磋琢磨して成長できる機会を与える、意義深いものだ。

　アメリカの大学スポーツから育まれたスポーツマンシップの事例がある。2008年4月にソフトボールのリーグ制覇をかけて、中央ワシントン大学と西オレゴン大学が対戦した。勝者が全国大会へ出場できる重要な一戦であった。両チーム無得点で迎えた2回表、ランナー2名を塁に出した西オレゴン大学は、これまでほとんどスターター経験がなく、大学4年間で34回しか打席に入ったことがない、通算打率.153の4年生のサラ・タコースキーに打席が回る。タコースキーはここで、練習を含め生まれて初めてのホームランを放つ。喜びのあまり1塁ベースを踏み忘れたと思ったタコースキーは、1塁ベースを踏みなおした瞬間、ひざを負傷した。1塁ベースで倒れ込んだタコールスキーに、味方チームからの支援はできないルールだ。選手交代す

ると塁上の2二者は生還できるが、ホームランは取り消されシングルヒットとなる。この時1塁守備にいた対戦相手のマロリー・ホルトマンが、"Excuse me, would it be OK, if we carried her around and she touched each bag?"と、自分たちがタコールスキーを助けることは有効か審判に確認する。その年打率.419でリーグのホームラン記録を持つホルトマンは、ホームランの価値をいちばんよく知る人物だった。NCAAのルールブックには、対戦相手が相手の得点に協力することを規制することは書かれておらず、ホルトマンはタコールスキーを助けることに支障がないことを確認した。ホルトマンは、ショートの守備にいたリズ・ワーラスを伴い、タコールスキーを抱えて、残り3つのベースを回り、ホームへ送り届けた。試合は4-2で西オレゴン大学が勝利し、全国大会へ出場した。もし中央ワシントン大学がタコールスキーを助けなければ、西オレゴン大学の3点目の得点は無かったかもしれない。「ボールはフェンスを越えている。ホームランを打った者が途中けがをし、ホームに戻ることができなくなったからといって、その価値を消し去ることはできない。サラはホームランを打ったのだから」。チームの勝利と引き換えにしてでも貫くべきものがあることをホルトマンの行動は示している。これは選手、チームそしてソフトボールという競技の性格を示すものである、とホルトマンは語っている。ホルトマンは2010年から母校のソフトボールチームのヘッドコーチとして、後進にスポーツマンシップの大切さも含めた指導を行っている。

　ホルトマン、ワーラス、タコールスキーの3名には、共通するものがある。3名はリーグのアカデミックオールアメリカン、つまりリーグの学業優秀者表彰を受けているのである。

　ホームランを打った選手が途中けがをし、ホームに戻れなくなった際、対戦相手が助ける文化は着実に浸透しつつある。2013年ソフトボールワールドカップの際は、ホームランを打ったアメリカ代表選手をプエルトリコ代表選手が、2014年にはホームランを打ったエッカード大学の選手をフロリダサザン大学の選手がホームまで運んでいる。

2014年ソチオリンピックにおいて、クロスカントリー競技のロシアチーム選手が、スキーの板を折り競技続行が困難になった際、近くにいたカナダチームのジャスティン・ワズワーズコーチが予備の板を提供して、最終的に完走することができた。ワズワーズコーチが取った行動にはわけがある。彼の妻は2006年トリノオリンピッククロスカントリーリレーで銀メダルを獲得したベッキー・スコットで、彼女のチームメイトのサラ・レナが競技中にポールを折り、それまで走行中だった2位から4位に転落した。その際近くにいたノルウェイコーチのビョルナル・ホーケンスモーエン氏が、持っていたポールをレナに与えた。その結果カナダチームは2位となり、銀メダルを獲得した。しかし、ノルウェイチームは一時2位を走行していたが、最終的に4位となり、メダル獲得が成らなかった。ノルウェイ国内ではメダル獲得が成らなかった責任追及はなく、ホーケンスモーエン氏がスポーツマンシップの模範としてたたえられている。

　2006年トリノオリンピック後、多くのカナダの国民はホーケンスモーエン氏に感謝の気持ちを形にして、たくさんのメイプルシロップを送った。ホーケンスモーエン氏はそれをがん支援団体へ寄付をした。つまりスポーツマンシップによる行いが、病気で苦しむ人を支援する一助となったのである。

　スポーツマンシップで重要なことは"Winning is more than the final score."(「真の勝者はスコアボードでは測れない」) ということだ。スポーツの得点版の数字は、試合が終わった時には、もう過去のものである。人生における得点はスポーツのそれよりもはるかに重要である。しかしさらに重要なことは後世に何を残したかである。人に感銘を与えるなにかを残せるのは誠実な人格を持った人のみが成せる何かであろう。そして誠実な人格者を育て、社会に役立つ人材として送り出すことこそ、指導者の最高の仕事である。その風土や文化をチーム内に定着させること、それこそが指導者のVictory with Honor なのである。

第 6 章

リスクマネジメント

――優れた人材を育て、守るために――

リスクマネジメントの概要と必要性──────

スポーツ活動とその環境は、直接人間の体や人生に影響のあるさまざまな問題をはらんでいる。大きな問題としてはスポーツ活動中の選手のけが、競技とその運営においてのさまざまなレギュレーション（規則）、そして社会的な不祥事などがあげられる。先の第5章の最後に出てきた体罰問題も、本来はこの章の不祥事で取り上げるべきものだったかもしれないが、リーダーシップの観点として前章で取り上げている。ただし不祥事としての体罰問題について、この章でも少し触れておかねばいけないこともあるだろう。この章ではスポーツの安全かつ円滑な活動や運営を行っていく上で、事前に整備しておくべきこと、そしていったん問題や事故が発生した時、どのように対処していくべきか、スポーツ活動のリスクマネジメントとして、必要な取り組みについて紹介していく。

1　けが・病気の予防・対応

スポーツにおいて避けたいことの一つにスポーツに起因するけがや事故、病気がある。練習において限界への挑戦が必要な場合、身体への過度な負荷つまりオーバーワークとなり、負傷したり体調を崩すことも多い。また試合中には極限でのプレーが求められるため、大きな事故に繋がるリスクが潜んでいる。

ここでは防ぐべきけがや事故、病気について、そして防げないものに対しては、いかに向き合うべきかについて考えていく。

熱中症対策──────

日本のスポーツ環境で特に深刻さが増している問題は、夏場の熱中症である。温暖化の影響もあり、猛暑日が続く日本の夏は、スポーツを行うにはあ

まりにも過酷すぎる環境である。グラウンドや路上の気温が40度を超すことも珍しくなくなっている昨今、気温に加えて湿度も高い日本では、熱中症は命にかかわる最も危険な問題である。

ひと昔前までは練習の時間帯に規制をかけるという対策を行っていたが、2000年代に入って以降、それはもう過去の対処法となった。その日ごとの気温に応じて柔軟に判断すべきである。

アメリカでも2001年にNFLミネソタ・バイキングスのコーリー・ストリンガーが夏のトレーニング中に熱中症になり亡くなった。大学アメリカンフットボールでも、夏の練習で熱中症やぜんそくを発症して亡くなるということが生じている。同じ年の夏にたてつづけに死亡事故が起こった——、これはたいへん大きな波紋を起こし、NFLやNCAAでは早急な対応がなされることになった。たとえばアメリカンフットボールコーチ協会は、熱中症防止マニュアルを作成し、2、3日で全米の各地の加盟コーチへ、1週間足らずで海外の加盟コーチにも届けた。そのなかで特に興味深かったのは、熱中症を防ぐ上で重要な脱水症状を防ぐ方法であり、それは選手自身が自分の体内の水分量が足りているかどうか簡単に知る方法だ。トイレで用をたす際、尿の色を見ると、おおよそ水分不足かどうかがわかるのである。尿の色が透明に近ければ、水分量は足りている。逆に尿の色の黄色が濃いほど、水分量が足りていないことを意味する。用をたす際には常に水分量が足りているか自己チェックすることを習慣づけることで、脱水症状を防ぐことにつながるのである。

日本の夏に合宿で行われている1日2回練習（Two a days Practice）は、アメリカでは減少傾向にある。2011年にはNFLでは1日2回練習が完全になくなり、2003年からは大学フットボールでも2日続けて1日2回練習を行うことを制限している。また夏の練習開始後5日間は、1日に1回の練習のみとしている。開幕までに認められた練習回数は29回で、この条件で夏の強化トレーニングを行うには、宿泊を伴うキャンプ期間が長くなってしまう。かかるコストも増えるが、人の命には代えられないのである。万が一死亡事

故に発展すれば、賠償責任も発生するので、コストがかかっても命の重さと天秤にはかけられないのである。

　夏のスポーツの風物詩である日本の高校野球でも、選手はもちろんのこと、観戦するファンが熱中症で倒れることが近年増えている。身体ができあがっているプロ野球の試合でも、この時期のデーゲームはエアコンの効いているドーム球場に限定されている。プロ野球の2軍の試合では、もともとデーゲームで行われていることが多いため、選手だけでなく審判が熱中症になることもあり、対策が求められている。プロ野球でも真夏のデーゲームの在り方が問われているときに、身体が成長途上過程にある高校生の試合が、真夏の日中、それも屋外で行われていることはそろそろ考え直していく必要がある。日本では2020年に東京オリンピックが開催されるが、この大会期間中の日本はまさに熱中症多発時期と重なっている。特に日中に行う競技は室内競技のみに限定し、屋外での競技はできる限りナイター、もしくは早朝の気温が低い時間帯に行うことを検討するべきではないだろうか。

脳しんとうと脳障害

　NFLの現役、そして元プレーヤーの引退後の人生において、深刻な問題として、引退後の経済的な問題、そして健康問題があげられる。ここでは健康問題、特に脳しんとうに起因する脳障害問題を取り上げる。

　2014年にはホワイトハウスにおいて、スポーツ脳しんとう防止サミットが開催された。近年スポーツ障害の最も深刻なものとして、脳しんとうがあげられている。アスリートが引退後、脳しんとうを原因とする認知症やうつ病で苦しむケースが増えているのである。NFLでは引退した選手から判決結果への追訴が起こっており、連邦議会にNFLコミッショナーが召喚され、脳しんとう問題について質問を受ける事態にもなっている。約4,000人の元NFL選手が、NFLを相手に起こした、脳しんとうに関する集団訴訟は、2013年8月にNFLと原告の元選手との間で、7億6,500万ドルの損害賠償をNFLが支払うことで合意した。さらにサッカーにおいても、特に若年層

を中心に脳しんとう問題が深刻化しており、脳しんとうによる死亡事故も起こっている。

2011年以降少なくとも7名の現役もしくは元NFL選手の自殺が起こっている。その中で最もショッキングだったのは、2012年のジョバン・ベルチャーの自殺（交際女性の殺害直後）である。ベルチャーの自殺の要因は慢性外傷性脳症（Chronic traumatic encephalopathy、CTE）によるものとされている。

脳しんとうの対応で後遺症が残る場合は、競技人生を絶たれるだけでなく、その後の人生にも大きな問題をはらんでくる。2014年11月、アメリカオハイオ州のオハイオ州立大学のアメリカンフットボール選手コスタ・カラジョージが、脳しんとうの後遺症に悩み、拳銃自殺をした。NFLの殿堂入りしている名選手のトニー・ドーセット氏も、脳しんとうによる後遺症に悩み、自殺を考えたことがあると告白している。2011年NCAAにおいては、脳しんとうによる記憶障害なのどの後遺症がないか、検査費として7,000万ドルを投じることになった。

スーパーボウル出場選手のジム・マクマーンは認知症を患い、殿堂入りしている名ランニングバックのアール・キャンベルは自力での歩行が困難で、2名の伝説の名クォーターバック（パスの名手）のジョニー・ユナイタスは、その手や腕の機能を失い、ジョー・ネーマスは13年のフットボール人生で受けた脳へのダメージが、最新の検査で脳しんとうによるものとされている。ネーマスはもしもう一度フットボールをする機会があっても、二度とフィールドに立ちたくないとメディア取材に答えている。元NFL選手は、同じ世代の5倍認知症になる確率が高いと言われている。

大のアメリカンフットボール（NFLと大学）ファンでもあるNBAのスーパースターのレブロン・ジョーンズは、二人の息子に決してアメリカンフットボールをさせないのだという。サッカー、バスケットボール、そして野球のみ許可しているそうだ。ジョーンズ自身は高校時代、バスケットボール同様アメリカンフットボールも、オハイオ州の代表選手となるくらいの名選手だったが、けがのため競技続行を断念した。親の教えどおり10歳の長男はバスケッ

トボール、7歳の次男はサッカーを中心にアメリカンフットボールを除く複数のスポーツ競技を行っている。

　大学フットボール界の脳しんとうの後遺症の問題では、先述のように2014年12月にオハイオ州立大学アメリカンフットボールチーム（2014年全米チャンピオン）のコスタ・カラジョージが、拳銃自殺を起こした。脳しんとうの後遺症に悩んだ末の自殺とされる。行方不明になる直前、母親に送ったe-メールにも、脳しんとうで悩んでいる内容が書かれていた。

　他の競技に目を向けると、最近アメリカでは13歳以下の子どものヘディング禁止も叫ばれている。時速50マイルで飛んでくるボールを1試合平均12回ヘディングすることもあり、ヘルメットを装着しているアメリカンフットボールよりも、サッカーの方が脳にダメージがあるといわれ始めた。

　ボストン大学医学部のアン・マッキー博士によると、2012年に亡くなった元サッカー選手の死亡原因は慢性外傷性脳症（Chronic traumatic encephalopathy, CTE）で、頭部を保護することのないサッカーは、頭を使ってボールをコントロール、もしくはパスやシュートをするので、脳にかなりのダメージがあると考えられるという。特に若年層は脳が発育途上のため、十分な配慮が必要になる。

　2012年アメリカン・ジャーナル・オブ・スポーツ・メディスンによると、高校スポーツで最も脳しんとうを発症したのはアメリカンフットボールで、それについで多かったのは女子サッカーの選手であった。アメリカ女子サッカー界の元スーパースターで、1999年ワールドカップ制覇の立役者のブランディ・シャスティンは、現在ユースサッカーのコーチをしている。2015年女子ワールドカップサッカーが盛り上がっていたころ、シャスティンは若年層（13歳以下）のサッカーでヘディングを禁止すべきと訴えていた。アメリカではサッカーによる脳しんとうの問題が深刻となっている。特に女子サッカーではその傾向が顕著である。脳の発育段階の世代には、頭で直接ボールを扱うヘディングは、脳へのダメージのリスクが高まる。シャスティン自身もユースサッカーの指導者の立場から、子どもにはヘディングよりもフッ

トワークの練習やサッカーへの理解を深める方が、将来的にはサッカーの基礎力を定着できる、とヘディングの年齢制限を強く訴えている。母親としても自分の息子には、安全にサッカーをすることを望んでいる。

　野球においては、デッドボールが頭部や顔面を直撃する危険球や、守備選手同士や走者の本塁突入でのキャッチャーとの激突事故も、重大事故につながるリスクが高いものだ。野手間のフライを複数の守備選手が追いかけて衝突すると、アメリカンフットボールのような装備もなく、その衝撃は身体に跳ね返ってくる。激突するのを予知できないことも多く、安全な防御態勢を作ることが難しいので、地面への激突といった二次的な被害リスクも高まる。日本ではドーム球場が多く、また野外球場であっても人工芝であることが多く、人工芝の下はほとんどがコンクリートであるので、強い衝撃を受けることも少なくない。走者とキャッチャーの激突は、キャッチャーがホームベースの1ヵ所を空けることで防げるが、その空きがないと走者は相手を弾き飛ばし得点することがルール上認められている。もともとアメリカではスポーツがシーズン制で、野球選手の多くはアメリカンフットボールの経験もある。そのため子どものころから正しく相手にヒットしたりされたりすることに慣れているが、日本では多くの野球選手は、相手との接触プレーに慣れていないので、当たっていく方も当たられる方も安全な対処ができないことが多い。スポーツ脳しんとうの問題を受け、MLBでは、本塁突入時の走者の激突を禁止すべきとの方向で動いていることは注目に値する。MLBでは本塁上のクロスプレーの怪我の防止を目的に、2014年より新しいルールとして、「捕手はボールを保持していない限り、走路をふさぐことはできず、不当にふさげば生還が認められる。逆に走路上にいない捕手に不当に体当たりすれば、走者はアウトとなる。また脳しんとうに限り従来の故障者リスト（DL）より短い7日間を新設している。」とされているが、日本でも同様の規制が検討されている。

　2014年3月の日本プロ野球巨人対阪神戦で、守備の阪神内野手西岡選手と外野手福留選手の激突事故が起きた。両選手とも脳しんとうを伴い負傷退

場した。特に西岡選手は頭部をグランドにぶつけ、しばらく意識不明状態であった。人工芝の下はコンクリートが敷かれているので、アイススケートの氷のリンク同様、転倒による事故、特に頭部から落下する場合には、十分注意が必要だが、今回のようにぎりぎりのプレーでお互いがボールに集中して激突してしまうと、非常に危険な状態になってしまう。

羽生選手の事故とその対応————————————————————

2014年11月のフィギュアスケートGS中国大会で、フリープログラム演技前の練習中に、日本の羽生結弦選手が中国の閻涵選手と激突し、頭部や顔面（顎）、両足などを負傷した。頭部やあごの負傷となると脳しんとうの恐れもあり、慎重な対応が求められるが、会場でのアメリカチームドクターによる診断のみで、強行出場したことが議論となった。帰国後の精密検査で脳しんとうの恐れはない、と正式な診断が下された。ラグビーやアメリカンフットボールのように、激突することが前提のスポーツであれば、ヘルメットやヘッドギアの着用など、頭部を守るための予防措置はあるが、予防措置のない競技では頭部に直接大きな衝撃を受けた場合、対応はより慎重になることが求められる。フィギュアスケートでは、4回転ジャンプのように高く強い踏切をする場合、時速40キロほどのスピードに乗った状態だという。複数の競技者が練習することが多いフィギュアスケート競技において、そのスピードでの激突ということは、ブレーキを踏まないで激突する自動車事故と同じと言えよう。何のプロテクターもつけない、シートベルトやエアーバックもない生身の体での激突に、今後十分な対応が求められる。

脳しんとう予防への取り組み————————————————————

アメリカンフットボールにおいては、夏のキャンプの練習制限として、フルコンタクトの練習は1週間で最大で4回、シーズン開幕までの期間でも最大12回となっている。スクリメージ（試合形式の練習）は、3回までと、脳しんとう対策としての練習規制が進んでいる。シーズン中の練習でもすべて

のプロテクターを着用し、コンタクトを含んだ練習に関しては週2回までと規制されている。NFLにおいて選手会は、公式戦18週間において14回のみフルコンタクト練習を認めた。

　元NFLプレーヤーのシドニー・ライス氏は、死後自分の脳を脳しんとうの研究に活かしてもらうよう、死語の脳の提供を検討している。2014年シーズンを前にライス氏は28歳で引退したが、生涯10度もの脳しんとうを経験した。最初の脳しんとうは8歳のときであった。7年間のNFL経歴の中で、脳しんとうを含むさまざまなけがにより、31試合もの欠場があった。今後のスポーツ界での脳しんとう事故の防止や治療に役立てる上でも、ライス氏のとった行動はたいへん重要なものとなる。

　ボストン大学医学部脳神経外科医のロバート・カントゥ氏は、ユーススポーツにおいて頭をぶつける行為は、脳や首の発育途上の少年少女にとっては命の危険につながると指摘する。アメリカンフットボールと同様に、サッカーにおけるヘディングも、脳しんとうのリスクが高いと言える。脳障害がいつどのようにして起こるか、そのメカニズムを知っているスポーツ関係者は意外と少ない。そして脳障害は複合的な事故を誘発するリスクを高める。2009年にワシントン州ではユーススポーツの脳しんとう防止の法律が制定され、同様の法律が全米中の州に広がりを見せている。

　高校レベルでも脳しんとう防止の取り組みが必要となっている。連邦州立高校協会の調査によると、毎年約800万人いる高校生アスリートのうち、約14万人が脳しんとうにより選手生命を絶っているという。その多くはアメリカンフットボールである。2013年にアメリカンフットボールの死亡事故は8例で、そのうち6例は頭部、2例は首の事故で、全て高校生によるものである。大学とプロでの死亡事故はなかった。ワシントン州では2009年に全米50州に先駆けて、試合中の脳しんとうに対し、いかなる場合も同一の試合に復帰させてはいけないという条項を含めた、スポーツ時における子どもの脳しんとう防止州法を可決している。現在では全ての州で同様の条例が存在している。度重なる脳しんとうなどにより起こる慢性外傷性脳症

Chronic Traumatic Encephalopathy（CTE）を防ぐことは、激突が前提となっているアメリカンフットボールだけでなく、あらゆるスポーツにおいてその対策が急務となっている。

重大事故が起こった時にどう対応するのか

まず事前に整えておくべきことは、試合だけでなく、練習においてもトレーナーやスポーツドクターを帯同させることである。緊急搬送が必要となる場合、救急車の到着までにすべき応急処置を施せる者が望ましい。

ジョージア工科大学のアスレチックトレーナーのポール・ウォーコフ氏によると、練習中の事故はもちろんのこと、アメリカンフットボールのような重大事故の発生しやすいスポーツにおいては、対戦相手のメディカルチーム（チームドクターやトレーナー）と事前にミーティングを持ち、事故が起こった際の役割分担を決めているのだという。特に命の危険も伴う頭部や首に関する事故は、両チームのメディカルチームが協力して対応に当たる。重大事故の際の主たる処置は自チームのメディカルスタッフが担当するが、選手の家族などをサポートするのは、対戦チームのメディカルスタッフが対応する。また、対戦チームの選手が自チームのサイドライン付近で倒れた際は、自チームのメディカルスタッフがまず応急処置にあたり、フィールドを横断してくる対戦チームのメディカルチームが到着したら引き継ぐのだという。実際2009年のワシントン大学と南カリフォルニア大学の試合の際、ワシントン大学のサイドライン付近で、南カリフォルニア大学の選手が倒れた際、真っ先にワシントン大学のチームドクターが対応に当たり、南カリフォルニア大学のメディカルスタッフが到着後引き継ぎをした。手当てを受けた南カリフォルニア大学の選手はサイドライン付近での治療後、ワシントン大学のメディカルチームへ一礼をして自軍ベンチへ戻っている。

体育教育や部活の指導の現場でのリスク管理

スポーツ指導における重大事故で、近年高額な賠償が求められる事案が増

えている。2003年に福岡県立筑前高校の体育祭で起こった、騎馬戦での落下事故で首を骨折し、半身不随の重い後遺症の残った元生徒が、県に2億9,000万円の損害賠償を起こした裁判で、「実戦形式の事前練習はなく、生徒が転落の危険を正しく認識し、対処する能力を身につけるのに十分でないことは明らか。学校側は生徒に十分な練習をさせる義務があるのに怠った」と、福岡地裁が2015年3月、県に2億円の損害賠償の判決を下した。

2007年に兵庫県立辰野高校で、テニスの部活中の熱中症で倒れた生徒への処置が不適切だったため、一時心肺停止状態となり、回復後も低酸素症の後遺症が原因で重い意識障害となった元生徒が起こした訴訟でも、大阪高裁は県に2億4,000万円の支払いを命じた。

学校教育での体育や部活における事故の責任が、体罰事案同様学校や指導者に求められるケースが増え、そのための対応として、安全な運営のためのガイドライン作りや、指導者の安全対策を最重視した指導者育成が求められる。事故発生後一時的に、単発の研修などが行われ、その場しのぎの対応ではほとんど役に立たない。自動車運転の免許取得でも、交通ルールを無視する運転により重大事故を引き起こしたり、飲酒運転などの違法行為も後を絶たない。技能が優れていても、最優先すべきは自動車の運転と同様、スポーツの世界でも、選手の安全を最優先に考えることが重要である。そのためにあらゆるスポーツで、安全に配慮した効果的かつ安全を最優先に考えた指導者育成と、資格制度が必要となる。ライセンスを持たない指導者が行うスポーツ指導は、無免許で自動車を運転することと同様のリスクが存在すると自覚すべきである。

オーバーユースのリスク─────────────

オーバーユースとは、スポーツにおいて体の同じ個所を使いすぎることで、身体の機能に障害を起こすことである。特に年中同じスポーツをし、同じ部位に過度の負荷がかかるような使い方をすることで、偏った身体の使い方によって生じる障害といえる。MLBに進んだ日本人投手の多くが、ひじや肩

の負傷で離脱することが多いのも、このオーバーユーズが原因としばしば指摘される。アメリカでは年間を通していろいろなスポーツをすることが奨励されてきたが、それでも近年このオーバーユーズに関するリスクが指摘されている。アメリカの大学スポーツにかかわる時間制限は、学業に支障が出ないようにするための配慮として設定されたものだったが、最近ではさまざまなけがのリスクをなくすことも大きな目的の1つとなっている。

　1つのことを極めることが美徳とされてきた日本人にとっては、二兎追う者は一兎も得ずという感情もあるだろう。成長していく過程で、ある程度種目を絞っていくことは必要と思われるが、成長過程の若年層では、むしろ複数のスポーツ競技をすることで身体にかかる負荷を分散させ、バランス感覚や多様性を養うためにも、複数のスポーツをすることは奨励されるべきであろう。

オーバーユーズになぜマルチスポーツが必要か

　2014年8月に軟式高校野球大会準決勝で、広島崇徳高校と岐阜の中京高校が、4日間の延長50回にも及ぶ熱戦を繰り広げた。公式の高校野球では15回までの延長後、翌日再試合というルールだが、その場合は最低でも9イニングずつ戦うことになる。軟式野球のルールは延長の続行になるので、得点差のでた段階で勝敗をつけることができ、本来なら選手の負担にはこちらの方が良しとされてきた。しかし今回の場合はともに無得点が続き、結果的に延長も50回まで伸びてしまった。もし硬式野球のルールなら、どちらかが得点を上げ、相手を上回ったとしても延長54回まで戦うことになる。延長戦の規定をどうするかは、今後さらに議論されるべきだろう。特に発育途上の高校生であれば、現在検討されているタイブレイク制度も一つの案である。

　MLBでは試合の決着がつくまで延々と延長戦が続くが、最近特に投手のけがの問題がクローズアップされ始めた。MLBが投手のけがの問題改善について、特にプロ入り前の若い年代で、投手の投球数が問題となってい

る。これもいわゆるスポーツオーバーユーズ（過度に筋肉や関節を使用すること）、特に若年層における問題である。アメリカでは1試合での投球数など、MLBにおいては暗黙のルールが存在し、WBCのような国際大会でも、1試合での球数制限や、次回登板までの試合間隔の制限などを設けている。そして延長戦にもタイブレイク制度を導入し、比較的得点が入りやすい状況での延長戦を設定している。

　また先発投手の数の問題は、選手の年俸の高騰といった問題とも関係するので、単純に先発投手の数を増やせばよい、ということにはならない。

　若年層でのけがの予防として特に注目すべきは、安全で正しい技術の習得と並んで、マルチスポーツの活用があげられる。マルチスポーツとは1年を通してさまざまなスポーツに参加することで、アメリカでは季節ごとにできるスポーツが決まっている。例えば大学スポーツの場合、野球や陸上競技は初春から初夏にかけて、アメリカンフットボールやサッカーは初秋から年末年始にかけて、バスケットボールやバレーボールは秋から春にかけて行われる。よって一人で複数のスポーツに参加することが可能となる。稀にMLBとNFLの掛け持ち選手が登場するのも、子どものころからいくつものスポーツ競技に参加してきた下地があるからである。年中同じスポーツばかりしていると、一定の筋肉や関節ばかりを使い続けることになるが、違った種目のスポーツに参加することで、違う筋肉や関節の使い方ができ、バランスのとれた健全な成長に繋がることが期待できる。当然オーバーユーズの問題も解消され、多様性という副産物までついてくるのだ。

　複数のスポーツから得られる恩恵として3つあげると、1つは多様な能力が得られると同時に応用がきくという点である。例えばバスケットボールで培った能力は、アメリカンフットボールではパスレシーブをするワイドレシーバーやタイトエンド、そしてパスディフェンダーのコーナーバックなどでも才能を発揮できるだろう。また、アメリカンフットボール選手は野球や陸上競技でも活躍する選手が多いのも、シーズンが全く重ならないため、多様性を活用できる場となっている。第二にけがの防止とな

り、特に子どもの筋肉はバランスよく発育していく。異なったスポーツ競技をすることで、身体のより多くの筋肉を同時期に使っていくことは、成長した後もけがをしにくい筋肉になる。最後に訓練とそれによる自信である。違ったスポーツフィールドで、それぞれ独特な訓練を受け、そこでの成功や失敗から学ぶこと、経験することは、肉体的だけでなく精神的にも鍛えられ、確固たる自信も備わっていく。NFLやMLB、そしてNBAなどで成功しているプロアスリートを見ると、多くはマルチスポーツの経験者で、他の競技でもプロで成功する能力を兼ね備えていること、けがが少ないこと、そして最も重要な、自信に満ち溢れた姿勢が備わっているのである。

　日本ではあまり一般的ではないので、選手も指導者も他競技との共存共栄という考えが薄い。競技力の上達には、一つの種目に専念することしかノウハウもないからだろう。少子化が進んでいる日本にとって、次世代の選手の開拓において、一つの競技で抱え込もうとする競技団体の動きは、結果的に日本のスポーツ界の衰退にもつながる。産業界でも従業員確保に苦慮する時代、スポーツ界も今後選手が集まらずに、運営ができなくなる競技も出てくるだろう。そうした時にマルチスポーツ制度を導入し、若い時に一人でいくつもの競技を行う機会をもつことは、本人にもより多くの可能性が開け、結果的に競技の維持向上にも役立っていくものと思う。

メジャーリーグからの球数制限の指針

　日米のプロ野球では、ピッチャーの球数制限の考えに大きな違いがある。ワールドベースボールクラシックでも、1試合で最大80球まで、50球を上回ると中4日の登板間隔が必要となり、30球以上または2日連続して登板した場合は中1日の登板間隔が必要となっている。メジャーリーグでは通常中4日でローテーションする関係上、1試合の投球数は100球程度というのが一般的である。登板間隔を中4日にするのは、高額年俸の選手を抱えているために予算的に多くの先発ピッチャーをそろえることが困難だからと言われている。

世代別に一日に投げる球数制限

年齢	一日の球数制限	球数に応じた休息時間				
		0日	1日	2日	3日	4日
7-8	50	1-20	21-35	36-50	N/A	N/A
9-10	75	1-20	21-35	36-50	51-65	66 +
11-12	85	1-20	21-35	36-50	51-65	66 +
13-14	95	1-20	21-35	36-50	51-65	66 +
15-16	95	1-30	31-45	46-60	61-75	76 +
17-18	105	1-30	31-45	46-60	61-75	76 +

　プロ選手に限らず子どもたちのそれぞれの年代で球数制限の必要性が叫ばれ始めた。特に身体の成長過程にある低年齢の選手にとって、オーバーユースによる障害を防ぐことは、たいへん重要となっている。2014年にメジャーリーグから出された球数制限として出された指針「Pitch Smart」では、世代別に一日に投げる球数制限は上の表のとおりである。

　日本からメジャーリーグへ移籍する中で特にピッチャーの比重が高いのは、それだけ日本の投手育成レベルの高さが評価されているからではあるが、幼少期から肩やひじに負荷がかかり過ぎ、短命で終わる選手も少なくない。最近ではメジャーリーグで活躍している投手で、ひじや肩の障害の多さが目につく。2015年に日本球界に復帰した松坂投手やシカゴ・カブスの和田毅投手のように、肘の靭帯再建手術として有名な「トミー・ジョン手術」により復活を遂げた選手、高額年俸で話題になったニューヨーク・ヤンキーズの田中将大投手、テキサス・レンジャーズのダルビッシュ有投手など、ひじの故障によってシーズンの早い段階での戦線離脱が続いている。もちろん球数の量だけが重要ではなく、ローテーションの間隔が短いメジャー式も、過度の負荷がかかる要因の一つともいえる。実際日本人メジャーリーガー以外でも、メジャーリーグで毎年のように「トミー・ジョン手術」を受ける選手が多数いることからも、単に投球数だけがけがの要因とは言い切れないのである。

　そこでもう一つ注目すべきは、プロに進むまでにどれだけ肩やひじを酷使

してきたかということであり、今回の「Pitch Smart」の指針が必要になってきたわけだ。日本でも高校野球での球数の問題がクローズアップされて久しい。近年では2013年当時、現東北楽天・イーグルスの安楽智大投手が、選抜高校野球大会で決勝までの3連投を含む5試合での総投球数が772球と、その投手起用が物議を呼んだ。2014年には先述した軟式高校野球の全国大会準決勝で優勝した岐阜・中京高校の松井投手は4日間で709球、決勝を含む全試合で1,047球を投げ抜いた。こうなると主催者や管理者は、たんに投手の肩やひじだけでなく、夏の熱中症なども考慮して、全選手の体調管理を十分にできる運営や指導をしていかねば、部分的な身体の機能障害だけでなく、命にかかわる重篤な事故を招きかねないのである。

マルチスポーツアスリートを積極的に勧誘する理由

　2014年シーズンの全米制覇を成し遂げた、オハイオ州立大学のアーバン・マイヤーヘッドコーチは、2014年にリクルート対象に挙げた47の高校生中、実に42人はマルチスポーツアスリートで、高校でフットボールだけをしていた選手はたった5名だけ、ということが話題になった。前職のフロリダ大学で指導したスター選手のジェフ・デンプスは、陸上短距離とフットボール両方で全米制覇。卒業後ロンドンオリンピックで陸上男子100m×4リレーで銀メダルを獲得し（その後リレーメンバーの薬物違反でメダルは剥奪）、大会後NFL入りするなど、今も陸上短距離とフットボールの2足の草鞋をはき続けている。

　2014年スーパーボウル制覇したシアトル・シーホークスのピート・キャロルヘッドコーチも、前職の南カリフォルニア大学ヘッドコーチ時代、リクルートする高校生にする最初の質問を例にこう語っている。「フットボール以外にどんなスポーツをしているのか？　ポジションは何か？　野球ならスラッガーか？　それともエースピッチャーか？　バスケットボールはしないのか？　こうした質問は高校生を勧誘する際にたいへん重要であった。私は一つのスポーツだけしかしない選手に関心がない。1年間複数のスポーツを

通して、常に向上心を持って取り組むものを求めていた」。

2015年のNFLドラフトで指名された256名中224名（88%）が、高校でマルチスポーツを経験、162名（63%）が陸上競技、124名（48%）がバスケットボール、25名（10%）が野球であった。

バージニア大学男子ラクロスチームのドン・スターシアヘッドコーチも次のように話している。「シーズンオフに選手がチームの攻撃や守備について、何をどう学んでいるのか質問すると、多くはバスケットボール、ホッケー、サッカー、その他のチームスポーツをすることで、ラクロスにも良い効果がもたらされるそうだ。チームの95%はラクロスのシーズンオフに他競技に参加しているマルチスポーツアスリートだ。高校生を勧誘する際、マルチスポーツをしていない選手にはとても違和感を感じる」。

女子サッカーアメリカ代表のスター選手のアレックス・モーガンも、「親が子どもに一つのスポーツだけを押しつけるのは、私は好きではない。私の両親は私がバレーボール、ソフトボール、バスケットボール、そしてサッカーを同時期にすることを奨励し、私はそれらのスポーツを楽しんだ。同じスポーツを年中繰り返しやることなどなかったのである。」と語っている

マルチスポーツの奨励が進んでいる大きな3つの要因がある。

1つはスポーツ競技力の向上である。同時期に多種目の競技に参加することで、単一種目をする選手よりも、多種目競技に参加する選手の方が、身体の機能の多様性を向上させることができる。例えばバスケットボールの平行移動や垂直移動能力は、当然フットボールにも活かすことができる。特にオフェンスのタイトエンドやワイドレシーバーそしてディフェンスバックなどである。サッカーで育まれる俊敏性は、野球ではあまり得られることはできないが、走者が塁間に挟まれた時など、サッカーで得られたその俊敏性が発揮されるだろう。

2つ目はけがの抑制である。単一競技によるけがの増大、例えば野球の投手のひじや肩のけが、アメリカンフットボールのオフェンスラインのひざのけが、ボールを扱う選手の首や頭部のけがリスク増大はよく知られている。

3つ目は自信と規律の芽生えである。多種目競技への参加による訓練は、こころの鍛練、特に自己規律と自信を植え付けることができる。

近年けがの予防にマルチスポーツの重要性が叫ばれているが、スポーツ医師のジェームズ・アンドリュー氏は、以下のような点を挙げている。

1. 小児整形外科からの報告によると、幼少期にオーバーユーズによる障害患者の50％は、単一スポーツ競技者であった。
2. オハイオ州立大学の研究結果によると、幼少期に単一スポーツ競技をしたものは、成人後に身体上の機能不全を引き起こす可能性が高まるとされる。
3. ロヨラ大学のニユル・ジャヤンティ博士が、1,200名の若手アスリートを調査したところ、幼少期に単一スポーツに特化して競技したものは、幼少期からマルチスポーツを経験した者よりも、93〜70％高い確率でけがをする。
4. 単一スポーツをする子どもは、ストレスによる燃え尽き症となるリスクが高く、モチベーションの低下や楽しんで競技することの欠落が見られる。
5. 女子の幼少期における単一スポーツ活動は、特にひざのけがのリスクが高まる。

スマートフォンの普及とけがのリスク

スマートフォンの普及により、アスリートもこれを使用する機会が増えている。アスリートが気にすべき、スマートフォンを使用する際に潜む体の機能に関するリスクについて考えておきたい。

スマートフォンを使用している人は、多くの場合姿勢が悪くなっている。特に首がストレートネック状態になり、頭が垂れ下がった状態になっていることが多く見受けられる。このストレートネックという状態は、スポーツをする際たいへん大きなリスクをはらんでいる。前方へ頭を下げた状態では、首の形はちょうどまっすぐになる。通常姿勢よく顔を上げてまっすぐ正面を

見ると、首はやや後方へ弧を描いて曲がった状態になるのが正常である。ストレートネックは弧が伸びきって直線状となっている状態で、それ以上前には曲がらないため、そこに大きな衝撃を受けると首の骨に負荷がかかり、負傷することになる。自動車に乗っているとき、後方から衝突されると鞭打ちを起こすことがあるが、それはストレートネック以上に前方に負荷がかかることから起こるものである。厄介なことには首の骨の中の頸椎や神経を負傷すると、身体の機能を失い、最悪命を落とす。

　アメリカンフットボールでは、"Heads Up"という言葉がよく使われる。頭を上げるという意味だが、常にヘルメットのてっぺんが、真上を向くように心がけることが重要である。頭が下がり、ヘルメットのてっぺんが相手に向かうと、本人は首や頭に、そして相手にはヒットする個所に大きな衝撃がかかり、どちらにもけがのリスクが高まるのである。危険な姿勢を避けるべく、頭は下げずに常に"Heads Up"の体勢体制を作る——。

　人間の頭部の重さは一般的に 12 ポンド（約 5,454 グラム）と言われている。しかしストレートネック状態（アメリカではスマートフォンで文字を入力する意味の TEXT を使って TEXT NECK という）で、頭が下がると首や頸椎にかかる負荷が増大し、血管や神経を圧迫する。例えば頭が前に 15 度傾くと、27 ポンド（約 1 万 2,272 グラム）、30 度傾くと 40 ポンド（約 1 万 8,181 グラム）、45 度傾くと 49 ポンド（2 万 2,272 グラム）、60 度傾くと 60 ポンド（2 万 7,272 グラム）の負荷が頸椎にかかってくる。米国国立医学図書館のケネス・ハンスラヤ氏によると、60 ポンドというと 8 歳ぐらいの子どもの体重に匹敵する。一日数時間もの間、同じ態勢でスマートフォンを使用し続けると、その人の首や頸椎に 8 歳児の体重や負荷がかかった状態になる。一日 4 時間で年間 1,460 時間ということになる。アメリカでのスマートフォンの使用状態は、高校生が特にひどく、年間 5,000 時間を超えているという。日本の女子高生は 1 日平均 7 時間スマートフォンを使用するという統計がでているが、1 日 7 時間もの間、頸椎に 8 歳児の子どもがのっかっているようなことをイメージをできるだろうか？　血流が悪くなれば、もっとも酸素を必要とする脳への供給が

減り、身体の機能や思考力が低下する。脳梗塞のリスクも懸念される。神経への圧迫により、身体の変調も起こるだろう。

電車の車内を見渡すと、多くの乗客がスマートフォンを使用しているが、ほとんど胸あたりの位置にあるスマートフォンを見るため、頭を下げた状態にある。日本の時代劇などで、背筋を伸ばし姿勢をただした状態で目線の位置に本が来る書見台をよく目にする。首の負担を考えれば長時間の使用は避けるべきであろうし、やむを得ない場合も、できる限り姿勢を正し、同じ姿勢のまま長時間の負担が頸椎にかかることを避けるべきである。

NFLプレーヤーも自分の子どもにフットボールはさせたくない事実 ──

NBAのスーパースターでNFLの大ファン、そして2014年全米制覇したオハイオ州立大学フットボールチームのファンであるレブロン・ジェームズが、自分のこどもにはフットボールをさせないというコメントを述べたが、NFLの選手や元選手でも自分のこどもにフットボールをさせたくないと考える者は少なくない。例えばダラス・カウボーイズのエースクォーターバックだったトロイ・エイクマン氏、ニューヨーク・ジェッツのラインバッカーだったバート・スコット氏、グリーンベイ・パッカーズのタイトエンドだったジャミシェル・フィンレイ氏、エイドリアン・ピーターソン氏、ピッツバーグ・スティーラーズの名クォーターバックのテリー・ブラッドショー氏、セントルイス・ラムズで第34回スーパーボウル制覇に貢献したカート・ワーナー氏、等である。現役選手ではニューオーリンズ・セインツのエースクォーターバックのドリュー・ブリーズ氏、デトロイト・ライオンズのコーナーバックのラシャーン・マシス氏等である。グリーンベイ・パッカーズで第31回スーパーボウル制覇に貢献したブレット・ファーブ氏は、息子を持たなかったことで「子どもが危険な目に遭う心配をしなくて済む。」と話している。ただ、一口に「子ども」といっても「10代半ばで身体が出来上がるまで禁止」、「幼少期の間禁止」といった期限の違いはあるようだ。

指導者にできること

スポーツの指導者はけがなどのリスクについて、どのような役割を担っているのか。それは事故を起こさないための安全な技術の習得を選手に身につけさせることである。ぎりぎりの状況下におけるプレーなど、防ぐことが難しい状況もあるが、それでも口うるさく安全なテクニックを習得定着させるために指導することが重要である。選手自身の安全を考えるだけでなく、対戦する相手に対しても安全を心がけることも忘れてはならない。医師ができることは選手の命を守ることである。トレーナーができることは選手の身体を守ることである。そしてコーチは選手の人生を守るのである。

2001年にノースウエスタン大学のアメリカンフットボール選手ラシジ・ウィラーが夏のトレーニング中の事故で死亡した。NCAAで規制された夏のトレーニングを実施したことによる事故であり、家族が大学に責任を問う訴訟を起こし、大学が遺族に総額1,600万ドルの和解金を支払うことになった。日本で「想定外」という言葉がよく使われる。規則で定めた以上のことが起こった時、それに対処することはもちろんだが、これまで決められたことを守らずに起こった事故であれば、管理責任が問われることは当然だろう。

南カリフォルニア大学ヘッドコーチのスティーブ・サキージャン氏、そしてボストンカレッジコーチのブライアン・ホワイト氏は、スポーツ指導におけるオーバーワークについて、同じ意見を述べて警笛を鳴らしている。「人の体はそんなに強いものではない。必要以上に無理なことをしたら、人は簡単に命を落としてしまうんだ。NCAAが規制するさまざまなルール、例えば週20時間以上練習してはいけない、というのは、学業に支障が出るからということもあるが、それ以上練習したら選手は身体を壊してしまう。つまり身体を守るためには重要なルールだ。無理なことをして体に負荷がかかり過ぎると、選手生命を失ってしまうだろう。何とかプレーできてもそれが原因で命にかかわる重大事故に見舞われるかもしれない。」つまり、NCAAが決めているさまざまなルールは、学生アスリートの人生のことを考え、身体のことを考え、命のことを考えて作られているということである。

2 コンプライアンス

　ここで取り扱うコンプライアンスは、あくまでもNCAAが定める規約に対するものが中心で、一般社会における法令の厳守ではない。しかし、大学スポーツにおけるNCAA規約やルールの厳守は、それを守ること自体が重要であるだけでなく、同規約を厳守することで社会におけるルールにも敬意を持って対応できる体質が養われると考える。本書の「スポーツマンシップ」のところでもとりあげたように、アスリートがスポーツ以外のいかなる分野に進む場合でも、そこにあるルールを守り、規則を尊重する精神を養っていれば、それは最大の強みになる。

　NCAA加盟大学には、必ずNCAAの規約に精通するコンプライアンス担当スペシャリストがいる。指導者や管理者が不安な点があればNCAAが定めるルールに抵触するかどうか、必ずコンプライアンス担当へ事前の確認を行い、もし不明瞭な場合はコンプライアンス担当からNCAAへ確認をすることが必要になる。

　第1章ではNCAAについてその規約の一部を紹介しているが、ここでは主に、NCAAにおけるお金にかかわるコンプライアンスについて見ていくことにする。

学生が利益を受け取ることへの制限

　アマチュアリズムの観点から、学生アスリートが奨学金以外の「特別な利益」を受け取ることには厳しい制限がある。しかし2013年から、学生アスリートの福利厚生などを求める動きが高まっている。NCAA、所属リーグ、そして大学やメジャースポーツの指導者が大きな収入を得る一方、選手への還元が少ないという意見も高まっている。また、けがのリスクや保障、治療費の保障といった社会保障的なサポートの必要性も高まっている。学生アス

リートも労働者として認めるべきとの意見もある。NCAAとしてはあくまでもアマチュアスポーツとしての立場を貫いているので、社会保障の充実については検討しつつも、利益を学生に分配することに関しては否定的な見解を示している。

アメリカの大学は私学になると4年間で20万ドル近い費用を要する。学費や寮の費用などの負担だけでも家を購入するくらいの額が必要となるのである。このため、奨学金を得て大学でスポーツをする学生アスリートは、大きな利益を得ているともいえるのである。また大学の教育で自己投資なしに高い教育を受ける機会を得ていることも、学生アスリートにとっては大きな利益にほかならない。

ギャンブルについて

奨学金などとは全く異なる次元の問題として、合法・違法を問わず賭博への関与は、大学スポーツにかかわるあらゆる関係者に対し、NCAAにおいて厳しく制限されている。"You bet You Lose！"という言葉があるように、賭博にかかわった選手は永久追放され、その他コーチや職員も職を追われる。アメリカの大学スポーツは、大きな金額の資金が動く世界であるため、賭博に対してはたいへん厳しい。特にアメリカンフットボールやバスケットボールは、賭博対象にもなっているため、賭博に関するルールはなかでも厳しい。選手やコーチはもちろんのこと、大学スポーツにかかわる者は、いかなるスポーツ賭博（プロ、カレッジだけでなく、その他のあらゆる分野のスポーツ）にも関与することがを禁止されている。FBIによれば、毎年3日間の大学バスケットボール全国大会（March Madness）において、25億ドル以上もの資金が賭博に流れており、スーパーボウルを上回るという。

学生アスリートが、スポーツ賭博に関して注意すべきことをあげてみよう。

①自分がかかわるチームやその対戦相手に対し賭けをしてはいけない、

②チーム情報を部外者に教えてはならず、情報には常にカギをかけておく、
③賭けのオッズやレートなどを話しあってもいけない、
④賭けを運営する者や賭けごとをする者とかかわってはいけない、
⑤いかなる理由があろうとも、スポーツにかかわることでお金や物品、頼みを依頼してはいけない、
⑥スポーツ賭博にかかわり、自身のスポーツ人生に終止符を打ってはいけない、
⑦常にガードを上げて！

重要なことは、たとえ友人間（寮の友人や同部屋のルームメイトなど）であっても、決して賭けごとをしてはならないことである。そして不審者（賭博を運営する者や賭けごとをする人たち）と接点を持たないことも重要である。友人を通して賭博へ関係しているものからの接触もあるかもしれない。友人との間でチーム事情について口にすることは、賭博に必要な情報を提供してしまうリスクがある。

大学スポーツを対象にした賭博行為は合法・非合法を問わずNCAAが厳しく規制しており、全米50州中唯一ネバダ州のみ合法化されている（ベルモント州では賭け金の上限を設けることで、大学スポーツの賭博を認める条例が可決）。その他のスポーツを対象にした賭博も、多くの州で規制が設けられている。他のスポーツに関する贈収賄はネバダ州を含めすべて違法行為である。チームの情報、たとえば戦術やけが人の情報などは試合の勝ち負けに直接かかわるため、相手チームに漏れることを防ぐ必要があるが、アメリカの大学スポーツの世界では、賭けごとに利用（犯罪組織の資金源にもつながる）されないようにするという意味合いの方が強い。

もし賭博への関与が発覚した場合、大学はNCAAと協議の上、選手登録を抹消しチームを追放するなどの処分を行う。その場合選手は奨学金の権利を失い、大学へ残ることはできなくなるだろう。また他の大学やプロチームからも同等の扱いを受けることになる。

ユニークな取り組みとして注目されるのは、元ニューヨークマフィアの幹

部マイケル・フランジーゼ氏がFBIに協力して、賭博防止に一役買って出ていることである。スポーツとギャンブルのリスクマネジメント教育に、元犯罪組織の幹部が社会貢献として取り組んでいることは、若者に対してたいへん効果のあるものとなっている。プロアスリートをはじめ、大学の学生アスリートなどにも、ギャンブルにかかわるリスクについて教育を実施している。

「特別な利益」の授受

アマチュアスポーツということもあり、スポーツをすることの報酬を受け取ることはもちろんのこと、「特別な利益」を受け取ることも禁止されている。「特別な利益」とは、ファンや支援者からの物品のプレゼント、食事の提供やローンの肩代わり、住居の無償提供、アルバイトでの一般相場以上の給与、卒業後の就職の確約などである。この特別な利益の定義は、高校生にも摘要され、大学進学に対するさまざまな便宜も、NCAAは厳しく規制をしている。

スポーツ競技をすることで得たもの、たとえば試合のジャージをはじめ支給された用具やさまざまなアイテム、トロフィーやチャンピオンリングなどを売買したり、オークションに出品することも許されていない。身近な事例として、ウェストコーストカンファレンス所属の大学のゴルフ選手が、大学施設の水道を使って自分の車の洗車をしたことで、NCAAより警告を受けている。別のケースでは、もし勝手に体育局施設の固定電話を使用すれば、これも特別な利益を受けたことになる。一般的にアメリカでは固定加入電話の市内通話は無料であり、市内通話であればチームや体育局の電話の使用を認められているが、料金がかかる市外通話の使用は許可されていない。

しかし近年学生アスリートの待遇に関し、学生からさまざまな要望が上がっている。プロスポーツと並んでも引けを取らないほどの人気を誇っている大学スポーツの運営を通じて、NCAA、リーグ、そして大学は多額の利益を得ており、コーチ、特にヘッドコーチは多額の年俸を得る者が増えているのに比べ、選手の待遇ははるかに悪いことへの不満が噴出しているので

ある。2014年にはノースウエスタン大学のアメリカンフットボール選手が、全米労働関係委員会へアスリートの労働組合設立を申し出て、学生アスリートにとってスポーツをすることは奨学金を対価とする仕事に当たると認められ、労働組合の設立が妥当と判断された。スポーツの実績だけが奨学金を受け取る条件ではなく、文武両道を実践する上での奨学金ではあるが、今回の学生アスリートの要望は、あくまでスポーツの成績で得た利益の配分が前提となっている。

薬物について

プロスポーツやオリンピックをはじめとした、国際大会でも活躍するアスリートを輩出する大学スポーツにおいて、スポーツの禁止薬物に対する規制は重要である。学生アスリートだけでなく、学生トレーナーやマネージャー、そしてチアリーダーにもドラッグテストを義務化している。ドラッグテストは各大学において、専任スタッフにより抜き打ちで行われる。対象となる学生アスリートをランダムに選ぶことで、常に禁止薬物との接点を持たないよう教化する注意を払う。摂取するサプリメントやダイエット食品、医療で使用される薬物にも注意を払う必要がある。そのため各大学体育局は、定期的に禁止薬物のリストを更新し、学生アスリートはその都度、薬物に関する教育プログラムやセミナーを受講することが必須とされている。またスポーツにおける禁止薬物だけでなく、一般的な違法薬物（マリファナや覚せい剤などの麻薬類）、アルコールやたばこに関する教育も重要である。

NCAA ルールの規約違反に対する処罰

NCAAの規約違反に対する処罰には、選手の出場資格停止に関するものと、大学やチームへの罰則などがあげられる。選手の資格については、多くは学業成績に関するものが多いが、学業成績がスポーツ参加資格に満たないにもかかわらず、選手が練習や試合に参加していた場合、大学側がその事実を認識しているいないにかかわらず、選手だけでなく大学にもペナルティが

科せられ、通常は罰金を支払うことになる。

　2002年にハワイ大学が12月のボウルゲームに参加した際、チームのエースQBのティミー・チャン（NCAAのパス記録保持者）は、試合に参加するために必要な単位数（6単位以上）を満たしていなかったことに気づかず出場した。この違反に対して、所属リーグは翌2003年の開幕戦でチャンの出場を停止して、大学は5,000ドルの罰金を支払っている。これは処罰の中では比較的軽いもの（Minor Violation）に当たる。ハワイ大学のチャンのケースは、所属リーグのルールが優先されているため、処罰は大学からではなくリーグからのものとされている。

　重い処罰（Major Violation）には金銭にかかわるものや、高校生の勧誘（第1章参照）に関するものがあげられる。高校生の勧誘においてさまざまな制限を設けるのは、各大学の公平性を保つためである。大学関係者の高校生へ接触（直接面談や電話など）には、特に多くの制約を設けている。それらに違反すれば、奨学金によるスポーツ推薦入学枠の削減や、年末年始のボウルゲーム出場の制限がある。

　オハイオ州立大学では、ジム・ターセル氏がアメリカンフットボールチームのヘッドコーチだった時代（2001年-2010年）、学生アスリートのさまざまな金銭にまつわる不正行為が行われ、ターセル氏は解任され、チームは1年間ボウルゲーム出場禁止（2012年シーズン）、3年間スポーツ奨学金入学者3名の削減となった。また、2010年には出場資格のない選手を試合に出場させたこともあり、当時のチーム成績（12勝1敗）の勝ち星は公式記録としては無効となった。不正のひとつは、8名の選手が刺青を入れる代金としてチームのジャージやチャンピオンリングと交換したり、金銭（1万4,000ドル相当）に変えたりしたことである。この事実を知りながら、ターセル氏が隠ぺいしたことが大きな問題となった。そのほかにもブースター（チームの後援・支持者）から資金（200ドル相当）を受け取った選手数名がいたことも判明している。

　2009-2012年のチーム学業成績の悪化により、NCAAはアイダホ大学アメリカンフットボールチームに対し、2014年度の練習時間を週あたり4時間

削減する処置を取った。2013年度4つのセメスターで平均GPA2.55、チームARPも9510〜9600と改善がみられ、今後継続していくことが確認できれば、制裁が解かれる。

チームルール

　アメリカの大学スポーツにおいて、NCAAの規約はあくまでも最低レベルの基準と認識されている。つまりNCAAの基準を下回らなければ、それ以上のものは奨励されるべきものとなる。リーグはNCAAよりも高い基準を設けることができ、大学ではさらに高い基準を設けることができる。そしてチームごとでも、さまざまな、そして独自のルールを作ることができる。

　チームが作るルールの多くは、モラル的なものになる。通常は一般に公表されるものではなく、選手に何らかの制裁があっても、その理由が公表されることはほとんどない。たとえば時間のルール。ミーティングや練習などのチーム行事に遅刻すれば、レギュラー選手であってもその週の試合に出れなくなることが一般的である。また、試合中や練習の際、相手を傷つけるような行為をなくすことが求められる。つまりスポーツマンシップに関するルールである。メディア対応のルールとして、勝っても負けても、相手への敬意を持ったコメントを心がけるといったものもある。ドレスコードも厳しい。チーム行事における服装は、すべてチーム公式のものを着用する。練習や試合のアンダーウェアもすべてチームのものを着用する。チーム活動以外でも、寮生活におけるマナーや規則は、チームルールにリンクしてくる。銃の所持やペットも規制対象であり、違法薬物は所持するだけで厳罰となり、チームを去ることになる。

　第2章でも取り上げたように、たくさんのファンが存在し、注目されるアメリカンフットボールやバスケットボールなどでは、選手はプロ顔負けの待遇を受ける。試合の際には会場までの移動にバスを白バイが先導し、信号で止まる必要のない最優先の交通規制が敷かれる。遠征ではチャーター機を使用し、一般のセキュリティチェックは免除されて、バスに乗ったまま駐機

場へ直行できる、超 VIP 待遇である。その待遇に見合う立ち振舞い、市民の模範たる言動が求められるのである。そのためにより高いスタンダードをチームが求めていくことは、とても重要なことである。

3 不祥事とダメージコントロール

　アメリカの大学スポーツにおいて、最も悩ましいことは学生アスリートの不祥事の多さである。毎週全米中のどこかで、学生アスリートが起こした事件のニュースを目にする。暴力事件、性犯罪、薬物や窃盗——こうした場合、日本ではたいていの場合、チームの廃部や事件を起こした選手の退学などを求める世論が巻き起こる。しかしアメリカの大学の対応は、日本と大きく異なる。起こした事件の質にもよるが、選手は社会的に制裁や罰を受けた後も、大学やチームに戻ることが少なくないのである。最も驚くべきことは、チームは一切自粛や活動停止にならないことだ。

大学スポーツの不祥事に対する考え

　この本の最後の項目に入るが、すでに多くの方が気づかれているように、大学スポーツ分野におけるチームの自粛は、地域社会、特に経済に大きな影響を及ぼす。学生アスリートはアマチュアではあるが、選手の回りには関係業者も含めて携わっている者が多く存在し、はほとんどがプロとして仕事をしている。企業が 1 人の従業員の犯罪行為により、その企業活動をすべて停止することはまずない。年間数十億円も売り上げのある大学スポーツチームが活動を自粛すれば、それだけで地域経済は大混乱をきたす。所属するリーグにもその影響は波及する。アマチュアスポーツといえど、スポーツ産業としてみれば選手以外はプロ中のプロ集団である。アメリカでは日本の高校野球などのように、競技に全く関係のない選手の不祥事によってチームが自粛するといった事態には至らないのである。

また、選手もその罪の重さによっては、大学を辞める必要もなく、チームに復帰することも十分ありうる。判決で執行猶予がつくような場合は、間違いなくチームへ復帰するだろう。社会的な制裁や刑罰を受けたのであれば、それ以上の処罰は行われない。社会のルールを破れば、そのルールの定められている範囲の罰則が科せらるのである。たとえば大学で教員が公的な補助金を不正使用し、大学が解雇することがあったとしても、その学部が自粛をすることはない。大学の学長が犯罪行為をしたからといって、大学が授業などを自粛をすることもない。社会のルール（法律）はその社会が、チームのルールはそのチームが、大学のルールはその大学が、そしてNCAAのルールはNCAAが責任を持って施行するのである。

　ただし、ある程度の謹慎は考えられることだ。たとえば大きいものであれば1年間の選手登録のはく奪、軽いものであれば1～数試合の出場停止などである。これらすべてはチームで決めることであり、NCAAやリーグから処分が下されるものではない。

セカンドチャンス

　アメリカの大学スポーツ界で、学生アスリートが不祥事を起こしても、復帰できる仕組みを、セカンドチャンスという。つまり更生の機会を与えるのである。一度過ちを犯しても、やり直し・更生する機会を与えることは、その人にとっても、また社会にとっても重要なことである。その失敗によって大学を退学し、社会に放り出されることは、その本人と社会の両方ににとってマイナスでしかない。

　過ちを犯してもやり直すチャンスを得て、その後模範的な市民になることこそ、その人にとっても、また共に生きる社会全体にとっても有益なことである。アメリカでは学歴によって、就ける職業やその年俸に大きな開きがある。大学が更生の機会を作り、社会に役立つ人材、優秀な働き手として育てることができれば、国や地域の税収にも貢献することができるのである。

　日本でも再犯率の問題が取り沙汰されている。刑期を終え社会復帰できて

も、なかなか職に就くことができない場合、また罪を犯してしまうことになり、再犯率を高めることになる。平成22年の日本における刑務所や拘置所など矯正施設に収容されていた1日平均の数は、7万4,232名（受刑者6万4,998名、被告人7,775名）で、法務省の矯正官署の平成22年度予算は2,300億円であった。この金額で算出すると、1人当たりにかかる費用は約300万円になる。罪を犯した者に税金を300万円使うのか、それとも模範的な市民となるように更生させていくかでは大きな差が出てくる。

ジョージア工科大学の卒業式で卒業生が着用するアカデミックドレスに、学生アスリートの称号のオナーストールを付けることができる

ジョージア工科大学学長のバド・ピーターソン氏は、自身が大学生時代（カンザス州立大学）、アメリカンフットボールの選手であったこともあり、学生アスリートの人材育成の価値について、たいへん理解のあるリーダーでもある。そのピーターソン氏は「セカンドチャンスは、過ちを犯した若者にはたいへん重要である。更生の機会を与え、大学が責任を持って社会へ送り出すことが重要である。」と述べている。

過ちを犯したからといって、その学生アスリートを退部や退学処分処置で済ますことは、トカゲのしっぽ切りで、根本的な解決にはならない。単にチームや大学から切り離してそのまま社会へ放つことは無責任である。そうではなく、むしろ早期に過ちを正し、更生の道を作ることこそ、受け入れた大学やチームの責任であり、それが組織がとるべき責任である。これはダメージコントロールの観点からも、たいへん重要なポイントである。

ワシントン大学アメリカンフットボールチームの次期エースQBと目されたサイラー・マイルス（2年生）は、2014年2月のスーパーボウル終了後、

乱闘事件を起こし逮捕された。ヘッドコーチのクリス・ピーターセン氏は、チームルールにも抵触するこの行為を受けて、マイルスの2014年シーズン開幕戦の出場停止処分と、春のキャンプの15回練習すべての参加停止を決めた。

2014年8月、アラバマ大学アメリカンフットボールチームは、チームルールの抵触（内容は公表されず）により3名の主力選手の出場停止を決めた。それ以外にも、自動車の危険運転行為や大麻所持、警官への公務執行妨害など、さまざまな犯罪行為が起こっている。しかし、まず対応として重要なことは、決して若者の過ちを責めるのではなく、更生する機会を与え、社会のために役立つ人材に変えることが重要である。

700万ドルコーチのセカンドチャンスの考え

2013年2月に窃盗で逮捕されたアラバマ大学フットボールチームのD.J.ペットウエイは、1年間の謹慎を経て、2014年1月にチームへ復帰した。ヘッドコーチのニック・セーバン氏は、現在大学フットボールコーチ最高年俸の700万ドルコーチである。スポーツの世界ではチームの勝利が給料に反映される。大学スポーツも同様、より多くの勝利をもたらしたコーチが、多くの収入を得ていることは事実である。しかし大学スポーツではただ勝つことでその価値を測ることはできない。大学スポーツである以上、学生の学業成績もその大きな評価要素である。その意味として学生が将来の成功者になるには、スポーツだけ強くなるだけでは不十分だからである。このことは第1章で取り上げたが、もう一つ重要な役割がある。それは立派な社会人として社会へ送り出すことだ。もちろん失敗や過ちを犯さないに越したことはないが、もし学生が過ちを犯したら、その過ちを正し、社会の模範となる人材として更生させることも、コーチの役割だからだ。

セーバン氏はかつてミシガン州立大学でコーチをした際、ムシン・ムハンマドという選手を指導者したことを例に挙げ、セカンドチャンス（更生の機会）の重要性を説いた。自動車運転中に検問で拳銃と大麻所持が発覚し逮捕され

た。その他学内でも拳銃や大麻所持で何度も逮捕されていたが、セーバン氏はムハンマドに更生の機会を与え続けた。その後彼は更生して、15年間NFLで大成功を収めるのである。そして地域で子どもの支援基金を設立し、社会に役立つ人材となったのである。ムハンマドは7人の子どもを授かり、長女は名門プリンストン大学へ進学した。セーバン氏はセカンドチャンスについてこう強調する、「若者たちが過ちを犯したら、世間はすぐ彼らを追放しようとするが、彼らも社会のどこかで生きていく。その時犯罪の常習者で終身刑の道を歩ませるのか、それとも彼を立派な社会人に更生させ、その娘がプリンストン大学に行く父親になるのか、どちらを選択するか？」

アメリカでは23歳までに、その30％が最低一度は逮捕歴を持つと言われている。セーバン氏は「18-23歳の若者が、過ちを犯したまま更生の機会なく社会で生きていくことと、しっかり更正をする機会を得て、立派な人材となるかで、その若者だけでなく、地域社会、そしてこの国の将来に大きな違いをもたらすことになる。トカゲのしっぽ切りをしてはいけないのである。」と強調している。

日本でも犯罪の再犯率が高まり、国の受刑者にかけるコストも高まっている。受刑者の高齢化で医療費や介護費といった、これまでにない現場の負担が増加している。少しでも犯罪者を減らし、また再犯率を下げることが重要になっている中、アメリカのスポーツ界が地道な更生の場となっていることも、大いに参考とすべき事例と言えよう。

ティム・ティーボウの取り組み────────────────

フロリダ大学時代からティム・ティーボウは、地元の刑務所を慰問し、受刑者の更生や社会復帰の支援を行っている。「人生において過ちを犯すことは、残念なことではあるが、それで人生のすべてがだめになるわけではない。もう一度心を入れ替えて、正しい生き方をすることは、たいへん重要なことであり、その支援をすることは、受刑者にとっても、そして受け入れる社会にとっても必要なことである。社会はもっと懐を大きく持って、過ちを犯し

た者を受け入れていく必要がある」。ティーボウは学生時代に刑務所訪問を10回行い、NFL入り後もこの活動を続けている。小さなグループとの交流もあるが、1万5,000人を超える大きな刑務所で語りかけることもある。

ティーボウが受刑者たちへ伝えていることは、主に自己認識について、また社会の中でどう立ち振舞うかについてである。

スポーツが社会復帰の一助に

テキサス州の少年院には、スポーツを活用した更生プログラムがある。この施設の名前はGainesville State Schoolで、成人犯罪者が収容される刑務所（Prison）とは違い、教育的な役割を担っているため、名前にもSchoolが使われている。

この施設のスポーツ指導者であるウォルト・スコット氏によると、罪を犯した若者にとって、更生の機会となるこの施設では、彼らの抱えているさまざまな問題に向き合いながら、その処置を行っているという。スポーツを活用したプログラムでは、まず一定の基準を満たした者のみが参加でき、素行などが改善されないと、スポーツには参加できない。他の地域の施設との対抗戦だけでなく、地元の高校との試合も行われる。試合で施設外へ出る機会が増えることによって、早い段階で一般社会との接点をも持つことができ、地域社会から理解を得る上でも、たいへん良い取り組みといえる。

スポーツを活用することにより得られる最大のメリットは、チームワークを大事にする意識と、スポーツマンシップが育まれることである。この2つは社会復帰した後、社会で生きていく上でたいへん重要となる。チームワークを重んじる姿勢は、いかなる組織に属していてもその中で活かすことができ、スポーツマンシップは社会で生きていく上で、対人関係を良好なものとするからである。

スポーツ以外でもさまざまな職能訓練を受けることができ、社会へ出るときには、一定の仕事に就く準備ができた状態となる。また大学進学を目指す若者も少なくなく、そのための準備として、高校程度の教育を提供する制度

アメリカンフットボールを指導するウォルト・スコット氏

施設の少年が社会復帰に向けた指導を受ける施設

もこの施設では整っている。外部、特に地域の近隣住民によるボランティアスタッフも数多く参加し、文化的な交流も行われている。

　アスレチックプログラムを受講した者は、そうでない者と比べ再犯率が低いという。通常は30〜40％の再犯率であるが、このスポーツプログラムに参加した者は、再犯率は10％以下との数字が出ている。社会復帰した後のケアサポートも充実しているので、それも有益な後押しとして機能していると思われる。スポーツがきっかけで、人生の生き方を正しい方向へ導き、人生の具体的な方向性を見出すことに役立たせているといえよう。

不祥事はなぜ繰り返されるのか

　日本の学生スポーツ界における不祥事に対する対応の厳しさについて、高校野球を事例にすると、不祥事を起こした学校に対し、大会への出場停止や活動自粛、問題を起こした選手の退部、そして指導者の解任など、多くはトカゲのしっぽ切りで終わるケースが一般的だ。近年不祥事がチーム全体で起こしたものか、個人がそのスポーツを離れて起こしたものかで、対応もチームへ科す場合と、問題を起こした選手個人に科す場合に分かれてきた。これはいたって健全な考えで、選手個人がチーム活動を離れて起こした問題まで、チーム全体に処分を科すことは、一般社会に置き換えてもそのような例はない。例えば大阪府警において度重なる警官、また署全体レベルの不祥事が続

いているが、大阪府警が活動を自粛することはない。大学のトップ（学長クラス）が飲酒運転で逮捕されても、大学が謹慎して休校になることもない。

「今後このようなことがないよう、再発防止に努めます！」といったお決まりのコメントや謝罪とともに、さまざまな取り組みをしているところもあるだろう。2012年年末に起こった体罰問題を受け、各団体でその対応として研修が盛んに行われ始めたが、多くは単発的なもので、継続した研修をするところは意外と少ない。1年以上たって体罰問題も徐々に収まりつつある中、たまに体罰のニュースが報道される。不祥事が繰り返されるのは、不祥事を防ぐ取り組みが不十分だからではない。そもそも人間は過ちや失敗を犯すもので、それらから学んで成長していくものである。命あるものは皆、生きたい！という欲、ありとあらゆる欲望の源である生命欲がある。スポーツにおいては勝ちたいという欲を満たしたいから、その欲が誤った方向に導かれた時、さまざまな過ちと結びつくリスクがあることに気づく必要があるのである。大学のように毎年1年生が入学して、4年でそっくり学生が入れ替わるのに、不祥事が起こったその時だけ繕うような取り組みは、何の効果も残さないのである。

スポーツに限ったことではない。社会に出て仕事をする上で、例えば営業職なら営業成績を上げて昇給や昇進したいという欲があって当たり前である。不祥事の多くはその欲に負けて、手をだしてはいけない領域に踏み込んでしまうことである。

ではその欲をいかに抑制するか、重要なことは理性にしっかり向き合うことである。その欲とうまく付き合っていくことは、アスリートのみならず社会で生きていくものとして必要なことである。スポーツの大きな利点として、ルールと審判によりその欲を厳しく取り締まられている。つまりスポーツを正しく遂行していけば、それはコートやグラウンドを社会に置き換えるだけで、立派な社会人となるのである。つまりスポーツマンシップにおけるルールと審判への敬意を示し、実行することは、社会の中ではシチズンシップとして活かされるのである。

またアメリカにおいてスポーツ界が社会貢献に勤しむには、もう一つの大きな恩恵がある。それは社会の目を常に意識することである。スポーツはいつも社会に支えられて成り立つものである。よって社会に対する感謝を常に持ち、必要とされるときはシーズン中、大事な決戦前であっても、社会の要望にこたえる義務がある、その意識が不祥事に導こうとする欲に打ち勝つ、自分に対する大きな恩恵、つまり「情けは人のためならず」になるのである。
　毎年新しいメンバーが加入してくるスポーツ界において、毎年一から同じ取り組みを通して、不祥事を未然に防ぐ取り組みとその継続が必要となるが、一度不祥事が起こった時は、他のリスクと同様、再発防止だけでなく、不祥事を起こしたものの更生にもしっかり向き合うことが、組織の最も重要な役割である。人は欲という切っても切り離せない相棒と同居していることを忘れてはいけないのである。

アメリカの大学スポーツで活かされるメンターの重要性

　学生アスリートを指導する上で重要なことは、スポーツではコーチが、学業では教務の教官が、そして人間教育には人生のメンターが必要となる。特にアメリカの大学スポーツ界は、犯罪が絡む不祥事が多発する。執行猶予で済むケースがほとんどだが、逮捕歴のある学生アスリートは非常に多く、2001年ローズボウルを制覇したワシントン大学では24名の逮捕歴のある選手が在籍していた、また2008年全米制覇したフロリダ大学では8名の逮捕歴のある選手が在籍していた。いずれもチームはそれらの選手を排除することなく、チームはセカンドチャンス（更生の機会）を与え、多くは卒業まで面倒をみたのである。
　その際重要なことはチームに信頼できるメンターがいることである。ワシントン大学体育局では、長年警察官として勤めていたアブナ・トーマス氏や、大学教員だったガートルード・ピープルズ氏がその役割を担ってきた。謹慎中の学生アスリートにはしっかり寄り添い、家族との連携も含め、過ちを犯した若者を正しい道を授けていくことが重要である。

ワシントン大学の学生アスリートのメンター的役割のガートルード・ピープルズ氏

長年ワシントン大学の学生アスリートのメンター的役割を果たした故アバナ・トーマス氏

　小児科ジャーナル紙によると、アメリカ人の30.2％が23歳までに逮捕されているという調査結果があり、これは交通違反よりも多いという。犯罪学者のロン・クリステンセン氏が行った調査では、1965年には当時23歳までに逮捕されていた割合は22％だった。若年犯罪は年々増加し、スポーツ界でもたびたびその不祥事が取りざたされてきた。特に大学スポーツ界においては、毎日のように全米中のどこかで逮捕者を伴う不祥事が起こっている。

　日本において未成年者による凄惨な事件報道が起こるたび、未成年犯罪を犯したものへの保護をなくし、成人と同じ裁きが必要との声も上がっているが、実は日本の未成年者の犯罪は年々減少傾向にある。警察庁発表によると、2014年の一年間での未成年者（14歳〜20歳未満）の犯罪件数（刑法犯で逮捕）は、11年連続で減少（48,361人2014年）している。特に殺人や強盗など、凶悪犯罪の減少が堅調であるという。第二次大戦後、未成年者が職にあぶれ、アメリカと同様ストリートギャング化した時期には、未成年者の犯罪が増加したが、義務教育の充実と、高校への進学率の上昇とともに、犯罪率が低下していった。これは若者が行き場（もしくは生き場）のない時代から、より高等教育を受ける機会が増え、人生での選択肢が増え、より高い教育を受けるものが増えていったことで、犯罪の道へ進む機会も減少していったと言える。

　ただし、近年携帯端末とSNSなどの普及で、個人が簡単に社会へ発信できるようになり、今までテレビや新聞などで取り上げることのなかった出来

事まで、国民が目にする機会が増えてきたことで、より社会が劣悪化していると錯覚しているといえる。未成年という時期は時代が変化しようともいつの時代においても、短期間で急成長できる時期でもあり、また、些細なことで過ちを犯すリスクと隣り合わせでもある。小学生でもスマートフォンを操る時代、これまで一般メディアが取り上げることもなかったような愚かな行いですら、連日ワイドショー化したテレビ報道や、週刊誌化した一般紙が面白おかしく取り上げている始末だ、それもSNSの後追いで。

　時代とともにさまざまな環境が変化しようとも、こうした過ちには、人と人とのふれあいをベースにした、メンターシステムがたいへん有効になる。特に心身とも成長過程にある青少年において、セカンドチャンスとセットで、メンターによるサポートが、過ちを犯した若者の再犯率を防ぐ意味で、たいへん重要になっていく。日本での未成年者の再犯率は34.9％と、17年連続で増加しているのだ。若い間に犯した罪をしっかり償い、更生する機会とそれを活かして、社会に役立つ人材へと成長していくことが重要なのだ。未成年に限らず再犯率の上昇が問題化している。特に高齢化も進み、介護の必要がいる受刑者も増えている。受刑者にかかる新たな費用や労力が加わり、国の財政の圧迫となりつつある。一般でも少子高齢化で、さまざまな社会保障費が高騰している中、減少している若者世代には、より高い能力や役割が求められていくのだ。そんな中、過ちを犯した若者を社会から疎外する様では、益々日本社会は疲弊していくだろう。社会が過ちを犯したものに、いつまでも過去の過ちを背負い続けさせるのではなく、むしろ同じ社会に生き、共に豊かな社会を育んでいく仲間として迎え入れる懐の広さを示すことが重要である。重要なことは、メンターが特別な存在ではなく、この国に住む大人全てが、若者や子どもたちの良きメンターであることが、これからの日本を豊かな国にしていくのである。

日本での課題

　日本では再犯率の高さが問題となっているが、大阪ではいくつかの企業が

中心となり、受刑者の社会復帰の支援として、積極的に雇用を行う動きが出てきている。再犯率を高める要因は、刑期を終えた後社会で仕事に就くことの難しさである。社会復帰後、職に就くことが最大のハードルとなっているので、まずそこをクリアすることが重要である。

また受刑者の高齢化の問題もある。中には介護の必要なケースもあり、施設管理のコストを押し上げる要因ともなっている。介護とともに医療処置の必要性も高まり、一般社会で起こっている介護や高齢者医療の問題が、受刑者の中でも深刻な問題となりつつある。

国の借金が1,000兆円を超えている現在、矯正官署が1年間で2,300億円もの費用を税金から使っている現状は、再犯率を引き下げることによって少しでも改善されるはずであろう。そしてむしろ優良な納税者に変えていくことは、最終的に国の財政危機負担を改善する一助ともなる。2年連続スーパーボウル出場を果たしたNFLシアトル・シーホークスの地元シアトル市のあるワシントン州では、州都オリンピア州近郊の矯正施設シダークリーコレクションセンターでは、受刑囚に対し施設のルールを破ったり、受刑者同士のけんかがあれば、シーホークスのテレビ試合を見せない処置を取った。例えば、けんかをした受刑者のロドロン・ニール氏は、1年間シーホークスの試合を見ることができなかったが、この取り組みのお陰で2015年に社会復帰する予定とのこと。この施設に収監されている500名中3名だけ、試合を見せない処置を受けたが、多くの受刑者がこのルールを受け入れた、とセンター長のダグラス・コール氏がこの指導法を評価している。

現在受刑者の95％以上は近い将来社会復帰する見込みだが、こうした取り組みで得た受刑者の前向きな行動とその習慣は、受刑者と刑務官間の暴力沙汰問題を減らすことにも期待されるが、社会復帰後も再犯率を引き下げる効果も期待できる、とコール氏は語っている。

アルコールに関するポリシー――――――――――――――――――
アメリカの大学ではキャンパス内での飲酒を規制するところがほとんどで

ある。キャンパス内の施設である以上、スポーツ施設での飲酒もできない。そのため、NCAAの人気スポーツでも、一部公共の施設を使用する時以外、スポーツ観戦における飲酒はできない。近年アメリカの大学は、景気後退の余波でさまざまな経費削減が進んでおり、また州立大学でも州からの予算削減、募金の減少に対応することが求められている。大学スポーツにおいても収入の確保が重要であり、人気リーグではテレビ放映料などの収入も大きいが、そうでないリーグでは収入を増やすためにさまざまな方策が必要となる。新規にスポーツ施設を建設、または改修工事を行う場合などの費用にも、マイナスの影響が生じている。そのため、収容人員を減らし、1シートの単価を上げ、またプレミアムシートなどの特別席を増やす傾向にある。さらにアルコール販売に踏み切るケースも増えている。2014年度にではアメリカンフットボールにおいて、21大学が自チームのホームゲームの際アルコール販売を開始した。2013年にワシントン大学が改修した新しいアメリカンフットボール専用スタジアムでは、2014年シーズンから一部のエリア（一般入場区域外の立ち見席）でのビールやワインの販売を開始した。そのエリアでの飲酒には、エリア入場のチケット25ドルの購入が必要となる。

　2011年からアメリカンフットボールの試合でアルコール販売を行っている西バージニア大学によると、過去3年間のアルコール販売による売り上げは、最低でも51万6,000ドルあったという。アルコール販売の変化に関して、西バージニア大学キャンパス警察署の報告よれば、試合でのアルコール販売開始以前に比べ、飲酒に関する事件・事故が激減したとの結果が出ているという。これには駐車場で飲酒が許可されているテールゲートパーティで飲酒する観客のモラルとの関係が指摘されている。試合前やハーフタイムの際、スタジアム内で飲酒が許可されていない大学のホームゲームにおいては、観客はスタジアムでアルコールが飲めない分、テールゲーティングで過剰なアルコールを摂取しているためではないか、と思われる。そのため、ハーフタイムなどに駐車場でテールゲーティングで飲酒し、再入場してくるファンがスタジアム内で問題行動を起こすことも少なくなく、西バージニア大学では

テールゲーティングでアルコールを摂取し、問題行動を起こす観客の再入場を禁止した経緯もある。大学のスタジアム内でのアルコール提供が行われることで、かえってテールゲーティングでの過剰摂取がなくなり、結果的に飲酒による事件・事故の減少につながっていると考えられる。

しかし大学は教育の現場であり、学生には未成年者（アメリカでは飲酒は21歳未満が規制対象）が多く含まれる。スポーツ施設を含めキャンパス内での飲酒規制の環境を維持すべきであろう。若者たちは常に大人の行動を見ているわけであり、未来ある若者に大人が模範となる正しい姿を示すために、スポーツ施設を含めキャンパス内での飲酒を規制することを求める、との意見も根強い。また、スタジアム内での過剰飲酒や未成年の飲酒を防ぐ取り組みも必要だ。たとえばアメリカではアルコール購入の際に年齢確認のできる写真付き身分証明書の提示が必要だが、スポーツ観戦では過剰飲酒も防がねばならず、アルコール購入者には年齢確認後に購入回数を確認できるリストバンドをつけ、販売側が購入ごとに購入回数をチェックしている。購入回数の制限を含め、常にアルコール提供側のコントロールが可能な状況にしておくことが望ましい。

なお大学スポーツでのアルコール販売は、あくまでも大学が運営する通常の公式戦であり、NCAA主催の全国大会やリーグ主催のリーグ優勝決定戦などは、これまでどおりアルコール販売は制限される模様である。

日本では未成年飲酒や無理な飲酒による死亡事故を受け、学内での飲酒を規制したり、未成年飲酒や泥酔事故の防止に取り組む大学も少なくない。社会的に飲酒運転の撲滅が叫ばれ、飲酒にまつわるさまざまな問題が生じているなかで、スポーツ界や教育界が率先してアルコールについてどう取り扱うべきか考えることは重要である。

4　スポーツイベントでのセキュリティ対策

　スポーツイベントにおけるセキュリティ対策は、航空機のハイジャックと並び世界的に最も重視される危機管理の一つである。1972年ミュンヘンオリンピックにおいて、イスラエル選手村でのパレスチナゲリラの襲撃事件以降、オリンピック会場や選手村のセキュリティは、最も重要な警備対象となっている。1996年アトランタオリンピック、そして2014年のボストンマラソンでの爆弾事件等、警備範囲も拡大の一途となっている。アメリカではスポーツイベントや映画など劇場への入場の際、入り口での持ち物検査は行われてきたが、これはテロ対策ということよりも、飲食物を持ちこませない意味合いの方が強かった。客に会場内で飲食物を購入させるということだ。会場外で購入した飲食物は、すべて入り口で廃棄されてきた。しかし、9.11以降その意味合いは限りなくテロ対策に動いている。9.11のテロで利用された航空機テロ対策で、アメリカ国内の空港でのセキュリティは年々厳しさを増し、エックス線検査場は常に長蛇の列となり、上着や靴を脱がせてまで、徹底的に不審物の持ち込みを防いでいる。スポーツイベントでも会場警備や入り口でのセキュリティは厳しさを増している。2015年スーパーボウルにおいては、観客のみならず、会場内の飲食物搬入の大型トラックにも、空港で人に使用するようなエックス線検査機の大型版を導入し、会場となったフェニックス大学スタジアムに出入りするトラックの検査を行った。スーパーボウルのようなビッグゲームの際、上空の30マイル内は制限区域にされ、スーパーボウル当日、米国税関・国境警備局はブラックホークヘリで上空を警備、空軍のF-16戦闘機も上空警備を行った。

　今回のスーパーボウルの警備についてABCテレビのインタビューで、米国国土安全保障省長官のジェイ・ジョンソン氏が次のように述べ、「これは単なるフットボールの試合ではなく、アメリカの伝統を守るということであ

る。国内の公共の安全を確保する上で、法的、国防、連邦、州政府、国の総力を挙げて取り組まねばならない。」と、国がリーダーシップを発揮し、責任を持つ仕事の範囲について言及している。

　唯一気がかりなことと言えば、選手を含むチーム関係者の荷物はセキュリティ度が低いことだ。チーム移動のチャーター機は、一般搭乗者のように空港の機内エックス線検査場を通らず、チームバスはそのまま駐機場横まで乗りつけ、チーム関係者はバスから降りるとそのままチームチャーター機に搭乗する。機内持ち込み荷物はいわゆる顔パス状態だ。当然試合会場に入るチームバスも同様である。チームバスは常に白バイやパトカーなどで先導され、警備される側であり、それくらいアメリカではメジャースポーツチームは信頼され尊敬されているということだが、念には念を入れることは、今後アメリカでも議論されるべきであろう。

終　章

競技の枠を超えて

　最終章として、これまで取り上げてきたものを総合的にまとめていきたい。

　まず最初に、スポーツ組織を単なるスポーツ振興の延長としてだけ捉えるのではなく、社会の発展に寄与できる組織として、スポーツ競技ごとの枠を取り除き、コートやグランドいった枠を超えて、社会のありとあらゆる問題解決に取り組める組織として進化させることが望ましい。アメリカの大学スポーツが大きな資金を手にすることができるのは、単に学生スポーツを強くすることのみにちからを注いできたからではなく、社会の発展に寄与できる組織であったからである。具体的には人材の育成面において、トップアスリート育成に特化せず、大学の本分である学業を優先し、アスリートの引退後のキャリア形成にも着目して、ライフスキルを活用したトータルバランスの取れた人材育成をしてきたからである。また地域貢献として、社会の様々な問題の解決や社会が必要とする支援に通年で取り組んできたことも、社会から認められた大きな要因と言える。アスリートの多くが口にする「子どものころ周りの大人が私たちを支えてくれた。今度は自分たちが社会のために役立つ取り組みをする！」という言葉は、人から教えられてするのではなく、自発的にアスリートたちが今まわりで起こっている問題に、真剣に向き合い取り組んでいるあかしである。メダルの数が多いことがスポーツの価値ではなく、いかに社会に貢献できる人材を輩出できるか、それがスポーツに与えられた大きな使命、最大のミッションと自覚することが重要である。

　日本では2014年4月から、早稲田大学が学生アスリートのライフスキルプログラムとして早稲田アスリートプログラム（WAP）の提供を開始した。日本国内の大学としては、初の本格的なライフスキルプログラムである。今回早稲田大学がライフスキルに踏み込んだ経緯には、早稲田大学創立150周年に向け、WASEDA Vision150という指針が策定され、その核心戦略6の「早稲田らしさと誇りの醸成をめざして——早稲田文化の推進」に則った取り組みが必要となったためである。少子化により、国内の受験生が減少する中、現在4万3,974名の大学生数を20年で3万5,000名に減らす指針もあり、学

小学生へ絵本の読み聞かせをする、ジョージア工科大学のアメリカンフットボール選手

生アスリートにもその余波が及ぶ。スポーツ推薦の学生の留年率を下げることで、全体の学生数の削減に貢献するという、前向きな方向性で対応するとのことである。背景には、学生アスリートの学業成績の向上だけでなく、近年起こった数件の学生アスリートの不祥事への対応などもあるという。今後、早稲田大学競技スポーツセンターでプログラムを作成し、学生アスリートへ提供をしていく。

　関西では関西大学、関西学院大学、同志社大学、立命館大学、龍谷大学の5大学で、WAP同様のプログラムを共同して運用する計画が進んでいる。単独での運用より、複数の大学で連携した取り組みの方が、アメリカのNCAAやリーグのように、総合的にライフスキルプログラムが運用されることも期待できる。大学野球では平日の試合を減らし、学業への支障が出ないようにする配慮が始まっている。高校野球でも学業を重視し、成績不振の選手の試合出場や練習参加を禁止する流れがでてきた（2014年全国高等学校野球選手権大会出場49校中16校が学業成績の活動制限を設けていた）。

スポーツ文化と社会

　はたして日本で学業を重視したスポーツ文化がしっかり根付いていくのか。アメリカでは1980年代から35年かけて、ヨセミテ公園のセコイヤの大森林のように、大学スポーツ界の文化として豊かな森育んできたといえる。日本はやっと今始まったばかりだ。荒野にまかれた種はすぐに森のようには育たない。しかし焦らず、手間暇かけて丁寧に育てていくことが、素晴らしい人材という果実が実る木々を育み、森を形成するのである。

2014年早稲田大学コーチ・サミットにおいて、WAP実施に向けた指導者研修で、アメリカの大学スポーツのライフスキルについて講演する著者

　組織の基本方針である理念をミッションステートメントとして具体化して初めてスポーツ団体としてのスタートが切れるのである。1980年にジョージア工科大学が組織改革に取り組んだのは、組織を変えるのは人、だからこそ人作りを第一と考え、それを基本理念としたからである。その結果、「トータル・パーソン・プログラム」が誕生した。改革当初は210万ドルという予算規模であったものが、現在では28倍もの予算規模のスポーツ組織へと変貌できたのは、社会に役立つ人材育成を基本理念としたからに他ならない。その集大成ともいえるのが、組織改革から15年後に地元アトランタ市で開催された夏季オリンピックである。多くの競技施設を大学内に建設し、その費用の多くを寄付で集めることができ、今も大学施設として運用ができているのは、社会からの支援があったからである。社会からの支援は、決してスポーツの成績で得たものではなく、その人材育成の姿勢、基本理念によって勝ち取ったものといえる。スポーツ関係者は常にこの言葉を胸に刻んでいる。「いつも社会が我々を支えてくれる。だからこそ私たちも社会の一員として社会のために生きるのである」、つまり"Give Back to the Community!"である。

ジョージア工科大学の学生アスリート専用企業新卒採用セミナー

　アメリカでは企業も単に有名なアスリートを採用するのではない。教育とスポーツ競技双方で高いレベルの能力を身につけ、目的意識を持ち、リーダーシップを身につけ、社会に役立つことを最優先に考えて行動できる、誠実で信頼性の高い、学生アスリートを求めている。

巨額な収入の行方

2014年シーズンはアメリカの大学フットボールで、4大学による初のプレーオフで全米王座決定戦が行われた。テレビ放映権はESPNが4億7,000万ドルで獲得し、3試合のプレーオフと4試合のボウルゲームのポストシーズンゲームを中継した。放映料の大部分はESPNが中継した試合に参加した10のリーグを通じて、加盟大学へ均等に分配された。前年までのBCSシステムの契約では1億8,000万ドルだったことを考えれば、大幅な収入増ということになる。2014年度シーズンはディビジョン1で、全ポストシーズンゲームを合わせると39試合が行われた。5億590万ドルがリーグを通じ、加盟大学へ分配された。大学がボウルゲーム参加に使った費用は、総額1億20万ドルである。差し引きすると全体で4億570万ドルの利益が出たわけだ。2013年シーズンは、35試合で3億990万ドルの収入を得て、試合費用として9,780万ドルを消費した。2012年は3億80万ドルの収入に対し、9,030万ドルの支出となっていた。2015年シーズンからは4試合増えて43試合のポストシーズンゲームが予定されている。さらに参加チームが増加するので、より多くの収入が大学スポーツ界に流れていくことになる。

プレーオフに参加した4大学が3試合で支出した内容をより詳しく比較してみよう。CBSスポーツの調査では、決勝まで進んだオハイオ州立大学は2試合で約440万ドル、オレゴン大学は約380万ドルのコストがかかっている。1試合単位での最高支出はアラバマ大学が約256万ドルで、対戦したオハイオ州立大学を約56万ドル上回っている。大きな要因は準決勝出場校中最高の908名を現地に送り込んでいることであろう。対戦したオハイオ州立大学の711名よりも197名多い数字だ。アラバマ大学が過去最も多くの人員を大会に送り込んだのは、2012年のBCSチャンピオンシップゲームで778名だった。

カレッジフットボールプレーオフ大会運営側から、パワー5カンファレンス（主要5リーグ）には、5,000万ドルずつ支払われており、準決勝へ進んだ4チームにはそれぞれ600万ドル、それ以外の大会に出場したチームには

ジョージア工科大学スポーツニュートリションセンターで、野球チームとソフトボールチームの栄養補給をサポートするバレーボールチームの学生アスリート

400万ドルずつ支払われた。また別途200万ドルずつ参加チームに経費補助金が支払われている。CFPからリーグへ支払われた金額総額をリーグ別に見ると、SECに8,750万ドル、ACCは8,350万ドル、Pac-12は6,000万ドル、Big-10も6,000万ドル、Big-12は5,800万ドルである。

　しかし、人気スポーツのアメリカンフットボールであっても、撤退する大学も出ている。アラバマ大学バーミンガム校だ。2014-15年度をもってチームは廃止となる。要因は財政問題で、現在アメリカンフットボールチームの運営には、年間2,000万ドルの経費がかかり、年々上昇傾向にある。それ以外に施設を充実させる上で、別途5年間で4,900万ドルが必要になる。アメリカンフットボール以外に、ライフル競技やボーリング競技も廃止となる。

2014年度大学チャンピオンシップフットボールプレーオフ (CFP) 参加大学の支出比較

ローズボウル	支出 (ドル)	アメリカンフットボールチームとスタッフ	バンドとチアチーム	大学関係者	チケット割り当て数	チケット販売数	チケット売り残り数（個）
サイゴン大学（勝）	1,709,530	243名 滞在日数(9日)	297名 滞在日数(6日)	99名 滞在日数(4日)	16,070	14,463	1,607 ($279,750)
フロリダ州立大学（負）	2,322,997	120名 滞在日数(8日)	480名 滞在日数(3日)	21名 滞在日数(3日)	9,347	8,013	1,334 ($134,225)
シュガーボウル	支出	アメリカンフットボールチームとスタッフ	バンドとチアチーム	大学関係者	チケット割り当て数	チケット販売数	チケット売り残り数（個）
オハイオ州立大学（勝）	2,002,511	311名 滞在日数(7日)	284名 滞在日数(5日)	116名 滞在日数(4日)	13,602	12,598	1,004 ($175,875)
アラバマ大学（負）	2,560,096	388名 滞在日数(7日)	439名 滞在日数(4日)	81名 滞在日数(4日)	13,250	11,116	2,134 ($388,600)
ナショナルチャンピオンシップ	支出	アメリカンフットボールチームとスタッフ	バンドとチアチーム	大学関係者	チケット割り当て数	チケット販売数	チケット売り残り数（個）
オハイオ州立大学（勝）	2,389,611	318名 滞在日数(5日)	287名 滞在日数(4日)	76名 滞在日数(4日)	20,166	18,955	1,161 ($745,450)
オレゴン大学（負）	2,106,474	234名 滞在日数(5日)	265名 滞在日数(4日)	79名 滞在日数(4日)	18,858	17,321	1,537 ($705,650)

カレッジフットボール界は大きな収入を得ているものの、ここでも経済格差は深刻と言える。チームを存続させるためにはそのスポーツを含め、体育局運営の資金を運営局が独力で用立てていかねばならない。ただ同大学のアメフトチーム復活の動きもあり、早ければ 2017 年度からリーグ戦へ復帰するかもしれない。

今回のプレーオフシステムにより、大学フットボール界は全体で大幅な増収となったこともあり、NCAA ではより高品質のサポート体制（奨学金や食事や栄養補給の充実）を各大学へ要求している。

また、大きな資金が動くため、公平性という点で NCAA が定める規約の厳守はより厳格化されている。特に高校生の勧誘での規約は、これまで以上にスカウトが難しい時代に入っている。いままでは直接面談や電話でのアクセスが中心だったが、PC やインターネット、そしてスマートフォンと、外部とのアクセス方法は多様化している。一方的な発信から双方向でのやり取り、そして複数参加の

CFP 各試合で大学関係者の一人あたりにかかったコスト

大学	一人あたりのコスト
フロリダ州立大学（ローズボウル）	$3741
オレゴン大学（ナショナルチャンピオンシップ）	$3644
オハイオ州立大学（ナショナルチャンピオンシップ）	$3609
アラバマ大学（シュガーボウル）	$2820
オハイオ州立大学（シュガーボウル）	$2810
オレゴン大学（ローズボウル）	$2675

SNSと接触する方向性や人数も以前とは違って多様化し、リクルーティングのルールは多様なアクセス経路・仕方を意識したものにならざるを得ない。

　西バージニア大学では14のスポーツチームで、リクルートの違反が発覚した。多くはメールや電話による候補者やその親へのアクセスで、規約の理解不足によるものだ。最も多くの違反が確認されたのは女子体操、アメリカンフットボール女子バスケットボール、女子サッカーの各チームである。悪質な違反者には一定期間のリクルート活動禁止や、NCAA主催の教育プログラムの受講などが義務付けられた。NCAAではコンプライアンスマニュアルの理解力向上のため、専用ソフトウェア（スマートフォンやタブレット専用アプリ）を配布しているが、西バージニア大学ではその使用法が十分理解されていなかったことが、違反者が続出した要因とされている。

アメリカスポーツ界の海外進出——————————————————
　NFLは本格的に海外進出を目指し始めている。これまでにヨーロッパで育成リーグのような位置づけで、リーグ戦を開催した時期もあった。またオープン戦を世界各地で開催し、世界的にアメリカンフットボールを普及することを目指していた。2007年からはインターナショナル・シリーズとして、毎年公式戦をイギリスのロンドンで開催してきた。2014年は9-11月に毎月1試合ずつ開催し、8万3,000人以上の観衆を集めた。3試合すべてのチケットを購入したファンが4万人おり、相当数の固定客層の存在が推測され、海外進出の有力候補地として期待できる。2022年までにはロンドンにフランチャイズチームを置くことを目指しているという。その他隣国のカナダやメ

キシコ、そして経済発展著しい中国も、今後の海外進出の大きな候補地となっている。また2017年には、現在世界5位に人口の増加したブラジルで、プロボウル（NFLオールスター戦）の開催を計画している。さらには長年普及活動を行ってきたドイツも有力候補の一つだ。2017年にはメキシコやドイツでのインターナショナルシリーズ開催も目指している。

　しかし、時差もあるヨーロッパでの海外試合、それをフルシーズンで行うとなると、サッカーやラグビーという伝統的な競技との競合、固定ファンの獲得、時差によるスケジュール調整など、難しい問題が立ちはだかっている。仮に本格運用ができるとしても、ヨーロッパリーグとアメリカリーグのチャンピオン同士で、スーパーボウルを争うという形になるのだろう。いずれにしてもアメリカ国内でのビジネスはこれ以上多くを期待できないので、世界進出は必然となっていくだろう。

　NFLだけでなくNBAも外貨獲得に向け積極的に海外進出に打って出ている。特に注目しているのはアフリカである。NBAコミッショナーのアダム・シルバー氏によると、過去ヨーロッパや中国遠征をおこない、NBAの普及を行ってきたが、いよいよアフリカにも進出していく、その第一弾が2015年8月1日に南アフリカで行うエキヒビジョンゲームだという。過去アフリカ諸国出身者が35人以上、NBAに出場してプレーしてきた歴史もある。アフリカ各国において人気はサッカーに押されているものの、バスケットボールの普及とNBAの海外進出を図る上でも、重要なマーケットと言えよう。今後は公式戦の開催も視野に入れるという。

スポーツにおける子どものリスク管理

　今回リスクマネジメントとして、特に怪我や不祥事に関する問題に特化して取り上げてきたが、最後に大きな出来事があったので取り上げておきたい。NFLが長年向き合ってきた脳しんとうの問題で、元選手から脳しんとうでリーグを相手に訴訟を起こしてきた問題は、2013年既に合意済みではあったが、2015年4月に連邦裁判所からの再審査を経て、一人当たり最大

日本体育協会公認アメリカンフットボール指導員講習会より

500万ドルの補償が受けられる内容に変更となった。現在引退した選手約2万人中、約6,000名はアルツハイマーや中度の痴呆症を発症するリスクがある、と連邦裁判所の締結書には記載されている。NFLは向こう65年間に、10億ドルの補償金が必要になるという。

　アメリカのフットボール界では、特に子ども時代からの安全な技術習得を目指し、U.S.Aフットボールにおいてユース向けの指導として「Heads Up Tackling（頭を上げたタックル法）」を開発し、全米のユースレベルでの安全対策に乗り出している。

　1900年台初頭、アメリカンフットボールでの事故が多発し、廃止運動まで巻き起こった。当時の大統領セオドア・ルーズベルト氏は、スポーツ界に安全対策を要求し、ルールや装備の改善、安産な指導法など様々な取り組みがなされた。しかしその後も死亡事故が続き、1930年には年間20名（1906年からの25年間で235名）もの死者が出たため、再び廃止運動が起こった。アメリカ連邦議会でも死亡事故問題が取り上げられたが、当時のフーヴァー大統領の「アメリカの将来を荷負う青少年が、危険なスポーツと驚いて、フットボールをやる勇気を失うようでは、アメリカの発展はおぼつかない」とい

う決断によって、アメリカンフットボール禁止の世論を抑えたという。

　2015年8月ワシントン大学医学部は、スポーツ活動における脳しんとうに関する治療、予防、教育、研究に特化した、スポーツ健康安全研究所の設立計画を発表した。脳しんとうで最も深刻な問題を抱えるNFLは、この計画の基金設立に250万ドルの資金提供を行う。研究所の主な目的は、未開領域における画期的な発見により、あらゆるスポーツにおいて、安全に配慮したルールや規約、そして効果的な技法を形成する一役となることとされている。アスリートは長年"No Pain, No Gain!"（苦しまなければ前進はない）という気持ちで活動をしてきた。この研究所の活動が、"No Pain, No Gain!"文化を改めることに貢献することが使命とされている。

　アメリカでは毎年3,500万人の子どもがスポーツ活動に参加している。疾病管理予防センターによれば、毎年380万件（17万3,000件は重傷）の脳しんとうが報告されている。脳しんとうと外傷性脳損傷（TBI）はまだまだ未知の領域が多く、これらの事案に関心を寄せる全ての機関へ適切に情報提供することが重要となる。「脳しんとうとTBIは我々が最も深刻に受け止めるべき最重要課題であり、その予防に努めることがNFLの使命である。」と、NFLの危機管理責任者のジェフ・ミラー氏は語っている。

　ワシントン大学はNFLなどと連携した、安全性の高いアメリカンフットボールヘルメットの開発研究を行っているが、この分野のソフトとハード一体化したサポート体制の構築が求められる。

　日本では日本アメリカンフットボール協会が2010年より日本体育協会公認指導者育成プログラムとして、アメリカンフットボール指導者研修を実施している。内容は、U.S.A.フットボール協会が開発したユース向けの基本指導書を翻訳してテキストとし、日本から約30名の指導者をアメリカへ送って研修させ、帰国後に日本国内の指導者に向けクリニックでインストラクターとして指導を行なわせている。2013年からは体罰に対する対応を含めたスポーツマンシップに関する研修の提供も始まっている。こうした安全対策や体罰などの問題解決のための研修は、単発ではなく継続して実施し、常

に指導者が意識し続ける環境を創造することが重要である。自動車の運転には免許所が必要であるように、スポーツ指導もライセンスを確立し、定期的な免許更新と最新事情に適応できる補助的な更新研修をおこなうとともに、常に実践でコーチングの向上が確認できる仕組みが必要であろう。

2020年に向けて

2020年東京オリンピック・パラリンピックは、真夏の大会開催となる。近年の猛暑により、一般生活でも熱中症による体調不良が深刻化している。当然この環境下でスポーツをすることは、命を落としかねないリスクが高まる。実施時間帯や室内競技場の活用、選手の体調管理をしっかり配慮した取り組みが重要となる。Helping Educate Athletes in Training（HEAT）は、熱中症対策として適切な対策と関係者の教育システムを確立することを意味する。そこで重要とする4つのPを整えることだ。

Prevent（予防する）熱中症とは何かを知ること、常に熱中症のサインを見落とさないようにする。

Prepare（準備する）疲労を取り除き、練習（または試合）前に体内の水分量を十分満たし、練習環境への順応をする。

Proper Hydration（適切な水分補給）練習（または試合）中、スポーツドリンクなど、不足した成分を含んだ水分補給をする。

Plan（計画）熱中症など緊急事態が起こった際、対応計画・マニュアルを持つこと。

大きな事故が起これば、組織として、また現場の指導者にもその責任が問われることになる。事前にできること、想定外のことが起こっても、その時適切な対応ができるかどうか、常にその意識を持って取り組むことが重要である。

日本体育協会から出されている熱中症予防運動指針では、以下の通り気温や湿度の高い場合は、そのカテゴリーごとに運動規制を設けている。しかし実際その指針通り運用を実施するケースは稀である。夏の日本のスポーツの

熱中症予防運動指針

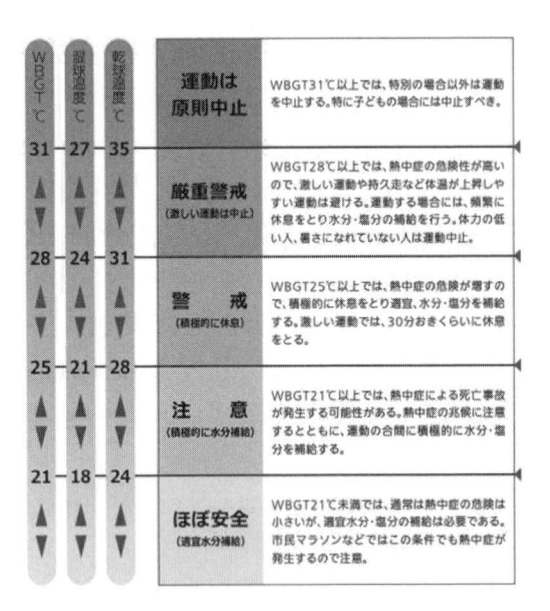

WBGT℃	湿球温度℃	乾球温度℃		
31	27	35	運動は原則中止	WBGT31℃以上では、特別の場合以外は運動を中止する。特に子どもの場合には中止すべき。
28	24	31	厳重警戒（激しい運動は中止）	WBGT28℃以上では、熱中症の危険性が高いので、激しい運動や持久走など体温が上昇しやすい運動は避ける。運動する場合には、頻繁に休息をとり水分・塩分の補給を行う。体力の低い人、暑さになれていない人は運動中止。
25	21	28	警戒（積極的に休息）	WBGT25℃以上では、熱中症の危険が増すので、積極的に休息をとり適宜、水分・塩分を補給する。激しい運動では、30分おきくらいに休息をとる。
21	18	24	注意（積極的に水分補給）	WBGT21℃以上では、熱中症による死亡事故が発生する可能性がある。熱中症の兆候に注意するとともに、運動の合間に積極的に水分・塩分を補給する。
			ほぼ安全（適宜水分補給）	WBGT21℃未満では、通常は熱中症の危険は小さいが、適宜水分・塩分の補給は必要である。市民マラソンなどではこの条件でも熱中症が発生するので注意。

- 環境条件の評価にはWBGTが望ましい
- 乾球温度を用いる場合には、湿度に注意。湿度が高ければ、1ランク厳しい環境条件の運動指針を適用する

▶屋外で日射のある場合
WBGT＝0.7湿球温度＋0.2黒球温度＋0.1乾球温度

▶室内で日射のない場合
WBGT＝0.7湿球温度＋0.3黒球温度

熱中病予防の運動指針とWBGT測定法（日本体育協会HPより）

伝統とも言うべき高校野球は、連日猛暑が続く 35 度以上の環境下でも、試合が中止されたことはない。アメリカではスポーツ脳しんとうが国や州でも解決に向け、規制を設ける動きがあり、スポーツ界の問題に限定せず社会全体で防止に動き出している。日本でも体罰問題をはじめスポーツ界で起こっている問題は、スポーツ界だけで動くのではなく、日本の社会の問題として考え、解決に努力していくべきであろう。

スポーツにおける人材育成

　日本でスポーツをする機会は多様化している半面、競技団体が競技力向上を求めて若年層から子どもたちを抱え込む傾向が顕著になっている。少子化問題に加えて、2020 年東京オリンピックへ向けた人材確保ということもあろう。低年齢から子どものスポーツキャリアづくりに熱心な親もいて、中学までの義務教育期間であっても、スポーツ中心の生活を送る子どもは少なくない。

　ヨーロッパのプロサッカー界は、アフリカなど発展途上国の素質ある若者をスカウトし、ヨーロッパに送り込んできたが、才能を開花できずチームを去るもののなかには、祖国に戻らずヨーロッパの街でホームレス化しているものもいて、その実態は深刻化している。もともとヨーロッパでは移民問題がテロを含めた様々な問題にも発展しているが、そこにはスポーツの誤った人材育成も少なからず影響している。

　アメリカでは、以前からドミニカにベースボールアカデミーを設立する MLB のチームが多く、野球で才能ある若者を発掘しているが、同時に高校レベルの教育もサポートしている。現実としては、プロ野球で成功できる可能性は高くないので、スポーツ以外の分野のベースを育むことが、アメリカ社会にとって必要だったと言える。

　国立青少年教育振興機構の調査（子ども約 1 万 7,000 名、保護者 7,800 名方の回答）によると、「もっと頑張れ！」という言葉では、子どもが自立した生活力を育んでいくことができない、という結果が出ている。「自分と違う意見や考

えを受け入れる」「ナイフや包丁でリンゴの皮をむく」「上手に気分転換をする」といった生活力をつけるには、まさに多様性を養う取り組みに参加できる機会が必要と言えよう。

　学校教育の部活動において、顧問が休日や時間外に直接指導することによる負担が問題となっているが、生徒も教員もスポーツ活動で、本来あるべき個人の生活に支障が出るのであれば、せめて中学レベルでは休日のスポーツ活動は試合など特別なケースを除き、極力避けることも重要であろう。限られた時間を有効に活用すれば、発育途上のこどもには十分なスポーツ指導は可能である。むしろスポーツと距離を取る時間や時期を設けることは、学業に支障も出ず、心身の健全な育成には重要である。文武両道やマルチスポーツ、そして何よりも社会との関わり、例えばボランティア活動に参加することなど、広い視野を持つことは、長い人生を生きていく上で、たいへん重要である。これは教員にとっても同じで、個人の生活や家庭を犠牲にすることが、結果的に生徒の指導に悪影響を及ぼすことにもつながる。そこから起因するストレスが、体罰の要因となることもあるかもしれない。バランスある生活習慣を持つことは選手（生徒）だけでなく、教員（コーチ）にも必要である。

スポーツが果たすべき役目

　一つのことに専念するといった、特に日本のスポーツ界に深く根付いた文化について、本書では様々な問題点を指摘してきた。競技力の向上には、人一倍練習することが唯一の方法、そのために選手をとことん追い込む、といった、体罰の典型的な考えも、いまだ日本のスポーツ界は完全には払しょくできていない。こうした狭い考えから脱却する上で、大人や指導者がまず自分たちのこころの扉を開き、広い視野でものごとをとらえていくことが重要と言えよう。大人が様々な体験談を子どもと共有すること、自然の中での体験や身近な家での作業、そして読書をすることで、健全な思考を養うことが、人生を生き抜く生活力、つまりライフスキルを育んでいくと言える。シアトル・マリナーズが、シアトルの小学校で行っている「D.R.E.A.M Team」プ

ログラムもその効果を狙ったものの一つだ。人生のベースは教育であり、その人生の土台が固まっていなければ、スポーツ活動も不安定なものとなる。

　個人の生活が安定すれば、次に考えることは生活の基盤である地域社会が豊かになること、そして自分の住む国が発展していくこと、そして世界にその枠を広げていくことである。スポーツ界はその活動の枠を広げる環境が、最も身近に提供できる分野でもある。そしてその最高峰の一つであるオリンピックは、戦争や暴力と一線を画し、世界の平和と安定を第一に取り組んできたことからも、その環境を整えることがスポーツの果たすべき大きな使命でもある。

　1996年アトランタオリンピック開催でジョージア工科大学は、トータル・パーソンプログラムを国際水準のスポーツプログラムとして世界へ示した。2020年東京オリンピック・パラリンピック開催で、その価値をメダルの数のみで測るのではなく、日本がより高い意識を持って、日本のスポーツ文化の新たな価値を創造し、世界へ示していくことが求められる。その価値の創造には大学が社会と一体となり、日本でオリンピック・パラリンピックが開催されて良かったと、世界中から認められるものとなるべきで、それを世界へ普及していくことが、この大会開催を日本で開催する真の価値となるであろう。

　オリンピック憲章 2-7「オリンピックの役割」には、
　　スポーツの場においてはフェア・プレーの精神がまさり、暴力が禁止されることを確実にするため努力を傾注する。

と定められている。すなわち、スポーツの現場ではいかなる暴力をも排除する、ということである。近年肉体的な暴力だけでなく、言葉による暴力、いわゆるパワハラ（パワーハラスメント）やモラハラ（モラルハラスメント）も、長年日本のスポーツの現場で繰り返されてきたいまわしいスポーツ文化である。こうした行為はスポーツに限らず、企業内におけるパワハラ問題や、家庭内のドメスティックバイオレンス、教育の現場の体罰など、社会問題にも影響を与えている。スポーツ界がこうした問題に対し、正しい方向性を示す

上でも、スポーツの大前提でもあるスポーツマンシップを社会に示し、豊かな社会生活を育むためのシチズンシップへとつなげることは、スポーツ界が果たすべき大きな役割の一つである。

近代オリンピックの父である、ピエール・ド・クーベルタン男爵が提唱したとされる「オリンピックで重要なことは、勝つことではなく参加することである」の本質は、「オリンピックの理想は人間を作ること、つまり参加までの過程が大事であり、オリンピックに参加することは人と付き合うこと、すなわち世界平和の意味を含んでいる」にあったとされる。普仏戦争（1870～71）の敗戦の復興には、教育改革が重要で、そこにスポーツの活用も大きな役割を担うべき、と考えたクーベルタン男爵の強いのもいが、この言葉に込められている。つまり「文武両道をもって社会変革を行う人材育成につなげる！」ということである。

この精神に立ちかえり、2020年東京オリンピック・パラリンピックで、世界に日本のスポーツ文化の素晴らしさを示すことに本書が活かされることが重要である。

2015年5月に朝日新聞と全国大学体育連合で共同アンケートを行ったところ、大学スポーツのアスリートに対する学業支援について、サポート体制が行き届いていないという調査結果が発表された（全国110大学中92大学から回答）。この調査で判明した中で注目すべきは、70.7％の大学が、学生アスリートへの学業支援を必要としているが、補習などの学業支援を実施している大学は7.6％に過ぎなかった。学業不振者に対する練習や試合出場規制について全学で取り組んでいる大学は7.6％、部単位個別で取り組んでいる大学は29.3％であった。この項目で最も多かったのが、クラブ活動参加に学業成績による縛りを設けていない大学で、34.8％が既定の検討もしていないという実態で、規定はないが検討している大学を含め、半数がいまだ学生アスリートの学業について無法状態であることだ。試合などでの公欠扱いを行う大学が58.7％と、授業に出席しなくても、成績を保証する取り組みが学業支援ととらえる傾向も見逃せない。自動車運転免許取得で、一つでも未履修が

許されるなら、交通事故を促進することとになり、そのようなドライビングスクールが認められるはずがない。学生が授業に出席しなくても成績に影響しないなら、大学という教育機関の体をなしていないことを意味する。つまり大学の看板を掲げる資格が無いのである。大学はまず本分である教育や研究manejの質の向上を図り、常にプライドを持って取り組むべきである。

　大学の責任放棄の実態は、学生アスリートの留年率や退学率に対する意識にも表れている。留年率が高いか低いかという質問で、学生アスリートの留年率を把握していない大学が65％もあり、中退率についても67％が把握していなかった。クラブ活動に期待するという項目では、「社会における大学のイメージやブランド力の向上」が85％と、大学スポーツを大学名を広める広告塔という位置付けにしていることも透けて見える。

　九九が満足に言えない、講義レポートがひらがな数文字、といった現実を放置している状態も、学生アスリートを取り巻く環境の劣悪さを物語っている。しかしこれは大学にだけ全ての責任を押し付けるものではない。そのレベルの学力で大学受験までスルーしてきた、高校までの教育機関にも大いに反省していただくべきであろう。スポーツさえできれば学業は疎かにしても認められた、日本のあしき文化を改め、文武両道という古くから日本にあった言葉の本質を取り戻し、近代オリンピックの原点に立ち返り、世界に誇れる日本のスポーツ文化を創造し、その価値を示す場となることを切に願い、この執筆を終えたい。

◎ 著者略歴

吉田良治（よしだ・よしはる）

- 現在　HRリーダーシップアカデミー　トータル・パーソン・プログラム　ファシリテータ／追手門学院大学　客員教授・同スポーツ研究センター　研究員／FM大阪と大阪府教育委員会「こころの再生」府民運動の共催番組『みんなともだち』でメインパーソナリティを担当／ＡＦＣＡ（米国フットボールコーチ協会）会員。
- 追手門学院大学経済学部卒業。
- 1998年にワシントン大学へアメリカンフットボールコーチ留学。2000年Pac-10 Conference制覇、2001年ローズボウル制覇に貢献。ＡＦＣＡ（米国フットボールコーチ協会）会員。大学スポーツのライフスキル指導について、ジョージア工科大学元体育局長ホーマー・ライス氏(元NFLシンシナティ・ベンガルズヘッドコーチ)に師事し、トータルパーソンプログラムの指導法を学ぶ。ワシントン大学アメリカンフットボールチーム元ヘッドコーチ、ジム・ランブライト氏より国家レベルのリーダーシップ教育の指導法を学ぶ。2003-2006年、神戸商科大学アメリカンフットボール部コーチ／2007-2009年、京都産業大学アメリカンフットボール部コーチ／2010年より日本アメリカンフットボール協会公認指導者研修でインストラクターを担当。FM大阪と大阪府教育委員会「こころの再生」府民運動の共催番組『みんなともだち』でメインパーソナリティを担当。

著書：『ライフスキル・フィットネス／自立のためのスポーツ教育』（岩波ジュニア新書）。『日本の大学に入ると、なぜ人生を間違うのか／アメリカの成功者たちが大学時代に学んでいること』（PHP研究所）。

共著：『ライフスキル教育―スポーツを通して伝える「生きる力」』（昭和堂）

スポーツマネジメント論――アメリカの大学スポーツビジネスに学ぶ――

2015年10月30日　初版第1刷発行

著　者　吉田　良治
発行者　齊藤万壽子

〒606-8224　京都市左京区北白川京大農学部前
発行所　株式会社　昭和堂
振替口座　01060-5-9347
TEL（075）706-8818／FAX（075）706-8878

ⓒ 2015　吉田良治　　　　　　　　　　印刷　中村印刷

ISBN978-4-8122-1515-9
＊落丁本・乱丁本はお取り替えいたします
Printed in Japan

本書のコピー、スキャン、デジタル化等の無断複製は著作権法上での例外を除き禁じられています。本書を代行業者等の第三者に依頼してスキャンやデジタル化することは、たとえ個人や家庭内での利用でも著作権法違反です。

ライフスキル教育──スポーツを通して伝える「生きる力」
横山　勝彦・来田　宣幸 編著　A5判並製・176頁　定価(本体2300円＋税)

どうやって「生きる力」を育てるか──ライフスキル教育はそれに応える試みである。本書ではスポーツによるライフスキル獲得の実際を明らかにして、社員教育への応用、プログラム評価手法など、基礎知識をまとめた。

中高年の運動実践ハンドブック──指導者のための基礎知識
大久保　衛 編著　B5判並製・248頁　定価(本体2400円＋税)

中高年に運動を指導する人のためのハンドブック。すぐに使える実践プログラム(筋トレ、エアロビ、アクアダンス、チェアエクササイズ)を紹介し、中高年の身体について専門医が解説する。

教職論[改訂版]──これから求められる教員の資質能力
石村　卓也 著　A5判並製・352頁　定価(本体2400円＋税)

教職課程の必修科目「教職論」のテキスト。学校経営のことや、管理職試験、法律の改正なども細かく記述してあるので、現場で教鞭をとっている現職教員にも役立つものとなっている。

ウィズエイジングの健康科学──加齢と上手くつきあうために
木村　靖夫 編　B5判並製・228頁　定価(本体2700円＋税)

紛争から難を逃れた難民は、新たな土地でどのように生計をたて生きていくのか。長年の調査からその実態があきらかになる。

食と生活習慣病──予防医学に向けた最新の展開
菅原　努 監／大東　肇 著　B5版並製・200頁　定価(本体3300円＋税)

がんや糖尿病、動脈硬化などいわゆる生活習慣病の克服が「健康で長生き」に対する今日的課題となっている。本書では、食による生活習慣病の予防性を具体的に実証する。

昭和堂刊

昭和堂ホームページhttp://www.showado-kyoto.jp/